도가
비워서 채우는 삶의 미학

차례
Contents

도에 대해 말한 사람들

이 책은 도가道家에 관한 책이다. 도가는 노자老子와 장자莊子로부터 시작해 두 사람의 사상을 발전시킨 사람들을 통틀어 가리키는 용어다. 이들 중에는 노자를 신처럼 떠받드는 무리가 생겨나 도교道教라는 하나의 종교로 발전하기도 했다. 도가와 도교는 오늘날에 이르기까지 중국뿐만 아니라 동아시아 사람들에게 귀중한 지혜를 선사했고, 생활 곳곳에 스며들어 삶의 중요한 가치관으로 작용했다.

그런데 왜 '도가'라 부를까? 이는 이들이 생각하는 핵심을 '도道'라고 지칭했기 때문이다. 유가에서 생각하는 핵심이 인仁이나 예禮이고, 불교에서 주장하는 핵심이 공空이라면, 도가에서 주장하는 핵심은 바로 '도'다. 도가에서 도를 행해야 한다고 말하면, 유가에서 인이나 예를 행해야 한다는 의미와 같고 불교에서 세상이 모두 공이라 말하는 의미와 같다.

조금 더 깊게 들어가면, 도는 대체로 '법칙' '원리' '기준'이라는 다양한 의미로 사용되는데, 무엇보다 '본질' '핵심' '근원'이라는 의미를 담고 있다. "도가 무엇이죠?"라고 묻는다면 "도는 우주의 법칙이기도 하지"라고 말할 수도 있고, "도는 자연에 담긴 원리지"라고 말할 수도 있고, "도는 인간의 질서이기도 하지"라고 말할 수도 있다. 바꾸어 말해, '도에 따른다'라는 말은 우주의 원리나 자연의 법칙 또는 삶의 본질을 따른다는 의미로 이해해볼 수 있다.

책은 크게 다섯 가지 내용으로 구성되어 있다. 첫 부분은 도가를 만든 핵심 사상가들에 대한 소개와 도가의 기본이 되는 생각이다. 두 번째 부분은 도가의 주요 특징 중 하나인 '역설'로 이루어진 생각들을 다루었다. 세 번째 부분은 개인적 가치관이나 삶의 방식에 대한 도가적 입장을, 네 번째 부분에서는 올바른 정치와 이상적 국가에 대한 도가의 생각을 살펴보았다. 그리고 마지막은 인간의 미래를 열어가는 데 있어 도가의 사상으로부터 무엇을 배우고 참고할 수 있을지에 대해 논의했다.

도가의 사상들은 오밀조밀하게 정확히 설명하거나 규정

하는 방식이 아니고, 비유적인 말과 역설이 가득한 의미로 인해 그 뜻을 헤아리기가 매우 어렵다. 최대한 쉽게 설명하고 현실에 맞는 해석을 내놓으려 애썼으나 부족함이 많다. 개인적으로 제시한 생각과 의견이 도가를 이해하는 데 많은 도움이 되기를 바란다. 이 책에서는 도가, 특히 노자와 장자를 중심으로 도가 사상을 이해해보고자 한다.

제1장 그들이 찾아 헤맨 것

도가의 시작은 노자와 장자에게서 찾아볼 수 있다. 노자는 기원전 500년보다 전, 지금으로부터 2,500여 년 전인 춘추시대 사람으로, 장자는 전국시대 사람으로 알려져 있다. 두 사람 모두 전쟁이 치열했던 시대를 살았고, 죄 없는 수많은 백성이 죽어가는 모습을 지켜보아야만 했다. 통치자들은 오로지 권력 다툼과 영토 확장에만 치중했기에 백성들의 삶을 돌볼 틈이 없었다. 노자와 장자는 이러한 난세를 극복하기 위한 삶의 태도와 정치 방식에 대한 생각들을 쏟아냈다.

노자와 장자 그리고 열자와 양주

노자와 장자의 신상에 대해서 정확한 정보는 없다. 전해 내려오는 문헌의 내용에도 다소 왜곡과 과장이 있을 수 있고, 오늘날처럼 주민등록을 했던 것도 아니니 두 사람의 정확한 생일도 장례식 날짜도 알 수 없다. 물론 도가에 속하는 다른 사상가들도 마찬가지다. 그리고 대개 그 기록이라는 것도 고대의 역사를 정리했던 한나라 사람인 사마천의 『사기』를 바탕으로 한다.

아래에 도가의 중심이 되는 사상가들과 그의 저서들 몇몇을 소개해본다.

노자와 『도덕경』

노자는 도가의 창시자로서 도교에서는 신처럼 떠받들어지는 사람이다. 옛날 그림에서 쪽빛 소를 타고 환한 웃음을 지으며 어디론가 향하는 사람을 보았다면 그 사람이 바로 노자다. 노자에 붙는 '자子'자는 존칭어다. 공자·맹자 그리고 장자 역시 뒤에 '자'자가 붙는다.

노자의 이름은 이이李耳였는데, 어머니가 자두(오얏)나무에 기댄 채 아이를 낳아 자두나무를 뜻하는 '李', 귀가 매우 커서 '耳'라는 두 글자를 딴 것이었다고 한다. 노자의 '노老'는 말 그대로 '늙었다'는 뜻이다. 그는 태어날 때부터 머리칼 색이 하얀 눈처럼 희었다고 전해지며 150살 또는 200살을 살았다는 이야기도 있다.

노자의 대표적인 저서를 『도덕경』이라 부르는데, 그가 직접 쓴 것은 아니다. 전해지는 이야기에 따르면 주周나라가 망하는 것을 본 노자가 그곳을 떠나고자 한구관(함곡관函谷關)에 이르렀을 때, 국경을 수비하던 윤희라는 사람이 그를 알아보고는 노자에게 "이곳을 지나려거든 좋은 말씀 하나 남기고 가시오"라고 반협박을 했다고 한다. 이에 노자는 5,000여 자에 이르는 짧은 에세이를 하나 던지고 갔다. 오늘날로 따지면 출입국관리소 관리자에게 뇌물을 바친 것과 같다. 그 에세이가 바로 『도덕경』이라는 책이다.

장자와 『장자』

장자는 전국시대 송宋나라 사람으로 기원전 300년경에 살다 죽은 것으로 알려져 있다. 장자에겐 노자만큼의 휘황찬란한 '탄생 설화'는 없다. 하지만 『장자』에 담긴 생각의 깊이와 넓이는 광활한 우주에 이를 만큼 대단해 신화 그 이상의 가치를 발견할 수 있다.

어느 시대에나 『장자』는 최고의 책 중 하나로 꼽혀왔다. 삶이 힘들고 괴롭고 앞이 안 보이거나 시련에 맞닥뜨렸을 때 많은 사람들이 『장자』를 읽었다. 그러면서 장자의 혜안에 감복하고 그의 지혜를 등불 삼아 나아가기도 했다. 무엇보다 우화 형식으로 담았기에 지루함이 없고 기억에도 생생히 남는다.

『장자』는 크게 「내편內篇」·「외편外篇」 그리고 「잡편雜篇」으로 분류한다. 이 구분은 진晉나라 사람인 곽상이 정리한 것으로, 그는 『장자』를 총 33편으로 정리했다. 『장자』는 장자 한 사람이 쓴 것이 아니라 후대 사람들에 의해 살이 덧붙여진 공동 저작이라고 볼 수 있다. 그중에서도 「내편」에 해당하는 내용이 장자가 직접 쓰거나 말로 전한 것으로, 「외편」과 「잡편」은 그의 제자나 그의 사상을 따르는 사람들에 의한 것으로 구분한다.

열자

열자列子는 춘추시대 사람으로, 아무도 알아주지 않는 사상가였다고 한다. 그렇지만 명성 따위에는 굴하지 않는 도가의 사상가들이 그렇듯 열자 역시 초연하게 살았다. 그의 제자들이 그의 사상을 정리해 썼다는 『열자』에는 노자가 한구관을 지날 때 만났다던 윤희에게 지혜를 구하는 장면이 등장한다.

『장자』에서는 열자를 "허식을 버리고 본래의 소박함으로 돌아가 무심히 홀로 있어, 갖가지 일이 일어나더라도 개의치 않았다"고 소개하고 있다.

양주

양주楊朱는 전국시대의 특별한 사상가 중 한 명이었다. 오직 '자신'만을 위한다고 하여 '위아설爲我說'로 부르는 양주의 사상은 "털 하나를 뽑아 온 천하가 이롭다 하더라도 결코 그렇게 하지 않는다"는 맹자의 비판으로부터 유래했다. 양주의 사상이 입신양명해 백성을 구제하고 좋은 정치를 펼치는 것을 목적으로 하는 유가의 사상과는 대치되는 측면이 있었기 때문이다. 맹자의 날선 비판은 양주가 국가나 사회보다 너무 개인의 안위만을 고려한다는 취지에서 한 것으로 보인다.

은둔에서 종교로

도가의 사상은 대체로 현실 비판적이고, (조금 더 부정적으로 보자면) 공동체의 안위보다는 개인의 평온을 선택한 경우가 많았다. 명예나 권력 또는 부를 멀리하고 속세를 떠나 초야에 묻혀 살았던 사람들도 있었다. 이를 두고 '피세避世' 또는 '은일隱逸'이라 표현하는데, 이 때문에 도가의 사람들을 가리켜 '숨어 사는 사람'이란 뜻의 '은둔자'라 부르기도 한다.

은둔자들 또는 청담 사상

한漢나라가 멸망한 후의 위·진·남북조의 혼란스러운 시대에 피세와 은일을 삶의 방식으로 선택한 사람들이 나타났는데, 속세의 혼탁함과 더러움을 떠나 맑고 깨끗함을 추구하는 담론을 일삼는다 하여 '청담淸談'이라 불렀다. 한나라가 몰락할 당시에는 지배층의 부정부패가 심했고 가난에 찌든 백성들이 굶어 죽는 일이 일상이었다. 이는 민란으로 이어졌는데, 이때 이 모든 것이 '꼴 보기 싫어' 초야에 묻혀 살았던 사람들이 있었다.

그중에서도 위魏나라에는 왕필이라는 도가 사상가가 있었다. 그야말로 천재 그 자체다. 환갑이 되어도 그 뜻을 헤아리기 어려운 노자의 사상에 대한 해설서인 『노자주老子註』라는 책을 무려 스물네 살에 출간했기 때문이다. 오늘날로 따지면 갓 대학을 졸업하는 나이에 박사학위 논문 하나를 떡하니 내놓은 것과 같다. 왕필의 책은 아직까지도 노자 연구에서 중요한 자료로 활용되고 있을 만큼 그의 해석은 뛰어나다. 그와 함께 당시에 청담을 즐기던 하안이라는 사람도 노자 해석에 버금가는 학자로 꼽힌다.

한편, 위 왕조 말기에는 국정을 장악하고 전횡을 일삼는 사마^{司馬}씨 일족들에게 실망하고 좌절한 한 무리의 지식인들이 있었다. '대나무 숲에 모여 있는 일곱 명의 현자들'이라는 의미의 '죽림칠현^{竹林七賢}'이 그들이다. 완적·혜강·산도·향수·유영·완함·왕융이라는 일곱 사람이었다.

이들은 자신들의 힘으로 바꿀 수 없는 세상을 한탄하면서도 정치에는 방관자적 입장을 취해 그저 흐르는 세월에 몸을 맡겼다. 게다가 이들은 권력자들을 조롱하고 그들의 잘못을 비판하기 위해 상식에서 벗어난 언동까지도 서슴지 않았다. 완적의 경우, 당대의 권력자 사마소가 그의 아들을 완적의 딸과 결혼시키려 하자 이를 거절하기 위해 술에 취한 채 몇 날 며칠을 보냈다. 또한 금^琴(중국 거문고)의 달인이었던 혜강은 사마소가 보낸 사신을 무시한 대가로 형장의 이슬로 사라지고 말았다. 현실의 벽 앞에서 아무것도 할 수 없었던 이들의 모습이 한편으로는 애처롭기도 하고 무기력해 보이기도 한다.

도가와 도교

그런데 한구관을 지나간 노자는 대체 어디로 간 것일까?

어느 날, 그가 도를 닦아 신선이 되었다는 이야기가 세간에 떠돌았다. 『도덕경』의 5,000여 자에 담긴 추상적이고도 특별한 생각들 또한 해석의 여지를 많이 남겼다. 언제부터인가 사람들은 노자를 교주로 모시고 『도덕경』을 종교적 경전으로 떠받들었다. 그러면서 이를 다양한 방식으로 적용해 인간을 이해하고 인생의 문제들을 해결하려 했다.

시간이 더 흐르자 도교를 믿는 사람들은 기를 수련해 보통의 인간이 지닌 한계를 넘어서고자 시도했고, 노자나 신선과 같은 사람들에게 기도하고 복을 빌며 고단한 세상살이에서 조금 벗어나보고자 하는 염원을 품었다. 늙지 않는 불로초를 찾아다녔던 진시황의 이야기나, 험한 산속을 평지처럼 달리거나 높은 나무에 단숨에 오르는 능력을 갖춘 도인 역시 도교와 연관이 있다.

음양의 기를 다스리고 본래 지니고 있던 정기를 모으기 위해 단전호흡을 하거나 생식生食을 하고 약초를 달여 먹는 것들 역시 도교의 영향을 받은 것이다.

수많은 체험이 오랜 시간 쌓이고 다양한 연구들이 진행되면서 여러 단체 또는 공동체가 생겨났고 수많은 문헌도 정리되었다. 이러한 방대한 자료가 모여 5,000여 권에 이르는 도교의 경전인 『도장道藏』이 편찬되었다. 특히 남북조의 구겸지는 조직과 의식을 갖추어 도교를 체계화된 종교로 발전시켰고, 더 나아가 국가에서까지 도교를 장려하기도 했다. 위계양의 『참동계參同契』나 갈홍의 『포박자抱朴子』와 같이 도교의 사상이나 이론 또는 구체적 실현 방법 등을 모아놓은 책들도 등장했다.

도교는 도가로부터 비롯된 종교이지만, 그 방향이나 방법에 서는 도가와 큰 차이가 난다. 노자와 장자는 인간 세상으로부터 등을 돌리거나 완전히 벗어나 있지는 않았다. 노자는 정치를 비판하고 올바른 정치에 대한 견해를 적극적으로 전개했고, 장자는 현실 속에서 사람들의 인식을 바꾸어 더 나은 삶의 태도로 인생을 살아가기를 권유했다. 이는 절대자에게 기도를 하고 복을 빌거나 부적이나 의술 또는 방중술과 같은 방식으로 삶의 문제를 해결하려는 종교 방식과도 거리가 멀다. 이런 점에서 도가는 좀 더 현실적이고 도교는 좀 더 신비주의적인 뉘앙스를 풍긴다.

말로 다 못 할 말을 왜

지금부터는 본격적으로 도가의 사상을 살펴보려 한다.

도가를 비롯한 동양철학에서는 인간의 인식이 가진 한계를 인정하고 세상엔 인간이 알 수 없는 영역이 있다는 여지를 남긴다. 도가 역시 마찬가지다. 노자는 '도'에 대해 말하면서도 정작 도를 '언어'로 표현할 수 없다고 고백한다. 그렇게 말로 다 설명할 수 없는 세상에 대해 말한다.

'도'라 말할 수 있는 도는 참된 '도'가 아니고, '이름' 지을 수 있는 이름은 참된 '이름'이 아니다. 이름 붙일 수 없는 그 무엇이 천지의 시작이고, 이름 붙일 수 있는 그 무엇이 만물의 어머니이다. 그러므로 '없음'에서 그 미묘함을 볼 수 있고, '있음'에서 그 경계(윤곽)를 볼 수 있다. 이 둘은 같은 곳에서 나왔지만 이름이 다를 뿐, 둘 다 신비스럽다. 신비 중의 신비이니 모든 신비스러운 것들의 문이다. (『도덕경』 제1장)

(道可道, 非常道. 名可名, 非常名. 無名天地之始, 有名萬物之母. 故常無欲以觀其妙, 常有欲以觀其徼. 此兩者同出而異名, 同謂之玄. 玄之又玄, 衆妙之門.)

노자는 도가 우주의 근원이고 천지 만물의 시원始元으로, 모든 것이 도로부터 시작된다고 말했다. 하지만 도를 "이것이다" 또는 "저것이다"라고 규정할 수는 없다. 사과나 개처럼 구체적인 사물은 이것 또는 저것이라 말할 수 있지만, 우주의 근원이자 천지 만물의 시원은 이것과 저것을 아우르기 때문에 딱 꼬집어 이름을 붙일 수 없다는 논리다.

게다가 노자는 도라 말할 수 있는 도는 참된 도가 아니고, 이름 지을 수 있는 이름 역시 참된 이름이 아니라고 말했다. 이를 인간 인식의 한계를 의미하는 것으로 해석해보자면, 세상에 대해 인간이 알 수 있는 영역은 한정되어 있다.

다시 말해, 인간이 '도'라 부르는 것이나 '이름' 붙인 것들은 결국 인간의 인식을 벗어날 수 없다. 결국 인간이 아는 것이 인간의 전부다. 전체 우주를 보면 인간에게 알려져 있는 것은 극히 일부다. 노자는 이렇게 전체 우주의 법칙이나 원리를 가리켜 '도'라고 불렀다. 인간에게 알려진 것과 알려지지 않은 것을 모두 합쳐 '도'라 말할 수 있다. 이는 거꾸로 인간에게 결코 알려지지 않는 미지의 세계가 있음을 인정하는 일이기도 하다.

노자는 인간의 눈에 드러나지 않는 기운이나 힘을 가리켜 미묘하다 하여 '없음'이라 하고, 인간의 눈에 드러나는 형태가 있는 것들, 다시 말해 희미한 경계(윤곽)라도 잡히는 것들을 일컬어 '있음'이라고 말한다. 이렇게 구분하지만 '없음'도 '있음'도 결국 도의 두 가지 모습일 뿐 모두 도에서 비롯되었고, 그 실체를 파악할 수 없으니 그저 신비스러울 따름이라고 말했다.

나는 그 정체를 알 수 없어 '도'라 부르고, 억지로 이름 붙이면 '대大'라 할 수 있다. (『도덕경』 제25장)

(吾不知其名, 字之曰道, 强爲之名曰大.)

이는 정체를 알 수 없지만 굳이 이름을 붙이자면 '세상에서 가장 큰 것'이라고 부르겠다는 의미다. '가장 큰 것'이란 무한하므로 규정할 수 없다는 의미다. 이에 노자는 '도'에 대해 "보려 해도 보이지 않고, 들으려 해도 들리지 않고, 잡으려 해도 잡히지 않는 것"이라 말하며 '도'에 대해 '황홀', 즉 무언가 있는 듯하나 정확히 무어라 말할 수는 없다고 털어놓는다.

인간이 인식할 수 있는 세계보다 인식할 수 없는 세계가 더 크듯, 노자는 눈에 보이는 '있음'의 세계보다는 인간에게 드러나지 않는 '없음'의 세계를 더 근원적인 것으로 보았다. 이러한 세계관은 인간의 생활에도 그대로 적용되어, 노자는 그저 눈에 보이는 것만을 잡으려 하거나 그저 자기가 아는 것만을 고집하려 하는 태도를 버리고, 더 근원적인 것들을 보고 눈에 보이지 않는 세계의 작용을 파악하기 위해 노력해야 한다고 주장했다.

또한 앞에서 보았듯 노자는 언어 그 자체에 불신을 품은 사람이다. 인간의 생각은 언어로 표현되고 언어에 따라 인간의 생각도 달라진다. 하지만 노자에게는 언어가 인간의 생각을 다 담아내지 못하는 것처럼 보였다. 특히 노자가 살던 당시에 수많은 사상가가 나타나 저마다 자신의 주장을 내세우며 세상을 구제하겠다고 나섰는데, 노자의 눈에는 이들의 주장이 오히려 세상을 혼란하게 만드는 원인처럼 보였을 것이다.

믿음직스러운 말은 아름답지 못하고, 아름다운 말은 믿음직
스럽지 못하다. 선한 사람은 변론하지 않고, 변론하는 사람은
선하지 않다. 아는 사람은 박식하지 않고, 박식한 사람은 알지
못한다. (『도덕경』 제81장)

(信言不美, 美言不信. 善者不辯, 辯者不善. 知者不博, 博者不知.)

비록 비웃음을 사더라도

일반적으로 도는 동양철학에서 인간이 따라야 할 준칙이
다. 이는 도가에서도 마찬가지다. 노자는 인간이 도를 따라
살면 그에 따라 덕이 길러진다고 믿었다. 반대로 덕을 키우
려고 노력하다보면 자연스레 도에 따른다고도 보았다. '덕'
이란 '인품'으로 이해할 수 있다. 도를 얻은 사람이 곧 덕을
얻는다는 논리다. 노자는 그중에서도 가장 큰 덕을 '공덕孔德'
이라 불렀다.

'위대한 덕'은 오로지 도를 따른다. [형체가 없는] 도는 그저
황홀할 뿐이다. 그 황홀함 속에 형상이 있고, 그 황홀함 속에
사물이 있으며, 그 그윽함 속에 정미한 것들이 숨어 있다. 정미
란 지극히 참된 것으로 그 안에 미쁨이 있다. 예로부터 그 이름

이 사라진 적이 없었다. 이로써 만물의 시원을 살펴볼 수 있다. 내가 만물의 시원이 이러함을 알 수 있는 것도 이 때문이다. (『도덕경』 제21장)

(孔德之容, 惟道是從. 道之爲物, 惟恍惟惚. 惚兮恍兮, 其中有象. 恍兮惚兮, 其中有物. 窈兮冥兮, 其中有精, 其中有信. 自古及今, 其名不去. 以閱衆甫, 吾何以知.)

'위대한 덕'이란 오로지 도를 따를 때에만 드러난다. 그리고 위대한 덕을 가진 사람은 사물의 본질을 얻은 사람, 또는 사물의 본질을 꿰뚫는 사람이기도 하다. 한마디로 도를 깨친 사람이다.

그런데 역설적이게도, 노자는 도를 따르는 사람들은 남들에게 비웃음을 산다고 보았다.

[세상에는 세 종류의 사람이 있다.] 뛰어난 사람은 도를 들으면 부지런히 실천하려 하고, 어중간한 사람은 도를 들으면 긴 듯 아닌 듯 망설이며, 못난 사람은 도를 들으면 그저 비웃을 뿐이다. 이렇게 웃음거리가 되지 않으면 도라 할 수 없다. (『도덕경』 제41장)

(上士聞道, 勤而行之. 中士聞道, 若存若亡. 下士聞道, 大笑之. 不笑不足以爲道.)

이는 도를 깨친 사람은 소수고 그런 도의 경계에 들어서서 바라보는 세상은 보통 사람들이 이해할 수 없는 영역이기에 벌어지는 일이다. 도의 세계에 들어선다는 것은 세상을 바라보는 인식이 보통 사람과 확연히 달라지는 것을 의미한다. 보통 사람의 입장에서 도를 깨친 사람의 말이나 행동 등은 이상하게 보일 가능성이 있다. 그래서 도를 따르고 덕을 쌓는 일은 누구나 할 수 있는 일이 아니고 그렇게 행하는 것도 쉽지 않다. 이런 의미에서 웃음거리가 될 가능성이 높다.

다음의 이야기를 보자. 붕새가 구만 리 하늘을 날아 남쪽으로 갔다는 말을 들은 매미와 새끼 비둘기가 이를 비웃었다.

우린 몸부림치며 날아봐야 겨우 느릅나무나 소방나무 위에 올라가고, 그나마도 거기에 못 미쳐 땅에 떨어지고 마는데, 어찌 구만 리를 남쪽으로 날아간단 말인가. (『장자』「소요유」)

(我決起而飛, 搶楡枋而止, 時則不至而控於地而已矣, 奚以之九萬里而南爲?)

매미와 새끼 비둘기는 기껏해야 느릅나무와 소방나무에 기거하며 그곳을 벗어나는 일이 거의 없다. 느릅나무와 소방나무 이외의 세계에 대해 매미와 새끼 비둘기가 알 수 없고, 하룻강아지가 범의 마음을 이해 못 하듯, 매미와 새끼 비둘기가 붕새에 범접할 수는 없는 일이다. 이는 이들 능력 밖의 일이기 때문이다.

결국 자신이 설정한 한계를 넘어서지 못하는 사람에게는 그것이 그가 지닌 세상의 전부일 수밖에 없다. 장자는 자기 기준으로 세상을 보는 사람들을 비판했다.

지식이 짧은 자가 박식한 사람의 세계에 미치지 못하고 수명이 짧은 생명이 장수하는 생명의 경지에 이를 수 없다. 그것을 어찌 알 수 있겠는가. 하루살이는 밤과 새벽을 알지 못하고 쓰르라미는 봄이나 가을을 알지 못한다. (『장자』 「소요유」)

(小知不及大知, 小年不及大年. 奚以知其然也? 朝菌不知晦朔, 蟪蛄不知春秋.)

세상의 근원을 찾아

고대 동아시아에서는 하늘과 땅과 사람이 우주를 구성하는 중심축이라 보았다. 허허들판에 서서 저 먼 곳을 바라보니 땅은 평평하고, 위를 쳐다보니 하늘이 펼쳐져 있으며, 그 사이에 사람이 서 있다. 나아가 하늘과 땅과 인간이 서로 상호작용을 하고 있다고 믿어왔다. 달리 말하면 인간은 우주를 구성하는 중요한 존재고, 인간이 우주를 어떻게 해석하느냐에 따라 우주가 달라질 수도 있다는 의미다.

이처럼 인간이 우주를 어떻게 이해하고 해석하며 그 안에서 인간이 어떠한 존재인지를 묻는 질문과 답을 가리켜 '우주관' 또는 '우주론'이라 부른다. 우주를 '도'의 작용으로 이해하려 했던 것이 노자의 우주론이다.

> 도가 '하나'를 낳고, '하나'가 둘을 낳으며, '둘'이 셋을 낳고, '셋'이 만물을 낳는다. 만물은 '음'을 등에 업고 '양'을 가슴에 안아, [기氣가] 서로 합하여 조화를 이루면 '충기沖氣'가 된다.
> (『도덕경』 제42장)
>
> (道生一, 一生二, 二生三, 三生萬物. 萬物負陰而抱陽, 沖氣以爲和.)

이 제42장은 만물이 어떻게 생성되었는지에 관한 우주론적 해석 중 하나로 유명한데, '도 → 하나 → 둘 → 셋 → 만물'이라는 구조 속에서 세상 만물의 분화를 설명하고 있다. 현대와 같은 과학적 방법은 아니었지만 세상의 만물이 어떻게 이렇게 수많은 개체로, 그리고 다양하게 생겨날 수 있었는지에 대한 고대인(노자는 2,500년 전의 고대인이었다는 점을 상기해야 한다)의 해석이라는 점에서 매우 흥미롭다.

특히 노자는 만물을 이루는 두 가지 기氣인 음과 양의 조합과 분산으로 변화를 설명했다. 차갑고 드러나지 않고 가라앉아 있는 것이 특징인 음을 '등에 업고'라고 표현했고, 따뜻하고 드러나고 떠오르는 것이 특징인 양을 '가슴에 안아'라고 표현했다. 만물은 각각 이 두 가지 기를 갖고 태어나고 이 두 기가 서로 합해 조화를 이루는데, 이를 가리켜 '충기沖氣'라고 표현했다. 다시 말해, 음과 양, 그리고 이 두 기가 조화된 '충기'가 있다는 의미다.

한편, 노자는 도의 움직임에 '되돌아감'이라는 특징이 담겨있다고 보았다. 이는 다시 근원으로 돌아간다는 의미다. 노자는 도가 하나를 낳고 하나가 둘을, 둘이 셋을 낳고, 그렇게 생성된 만물은 다시 근원인 '도'로 돌아간다고 보았다.

  되돌아감이 도의 움직임이고, 유약함이 도의 작용이다. 천하의 만물은 있음에서 생겨나고, 있음은 없음에서 비롯된다. (『도덕경』제40장)

  (反者, 道之動, 弱者, 道之用. 天下萬物生於有, 有生於無.)

'되돌아감'이란 반복되고 순환되는 과정을 가리킨다고 볼 수 있다. 물론 그것은 똑같이 반복되고 순환되는 것은 아니다. 순환 반복될 때마다 똑같은 자리로 돌아오는 것이 아니라 변화와 변이를 통해 매 순간 달라진다. 봄이 여름이 되고,

봄·여름·가을·겨울, 매년 같지만 다른 계절이 찾아온다.

여름이 가을이 되며, 가을이 겨울이 되고, 다시 겨울이 봄이 되는 과정을 떠올려보자. 매년 봄이 오고 매년 겨울이 오지만 그 봄과 겨울은 매번 다른 양상을 띤다. 일종의 나선형의 움직임이다.

노자는 이러한 과정이 자율적인 체계에 따른 것으로 보았다. 이것이 노자가 말하는 자연自然이다. 창조자가 있는 것이 아니라 자율적 움직임에 따라 생성 변화한다고 보았다. 생성에서 소멸에 이르는 전 과정이 저절로 일어나는, 그저 그 자체의 법칙에 따른다는 의미다. 노자는 이를 세상 모든 것이 본래 그러하고, 스스로 그러하다고 표현했다.

> 사람은 땅을 본받고, 땅은 하늘을 본받고, 하늘은 도를 본받
> 고, 도는 '스스로 그러함[自然]'을 본받는다. (『도덕경』 제25장)
>
> (人法地, 地法天, 天法道, 道法自然.)

고대 동양에서는 하늘이 벌을 주고 상을 준다거나, 하늘
이 사람을 굽어살핀다는 등 어떠한 인격적 신이 인간의 삶
을 주재한다는 믿음이 강했다. 노자는 이런 인격체에 바탕을
두어 우주 생성을 이해하는 대신, '도'라는 비인격체 또는 물
질과 같은 것을 설정했다.

세계를 이루는 근원인 '도'에 인격적인 특징이 없는 노자
의 우주론은 중국 사상에서 특별한 위치를 차지한다. 열자는
이를 다음과 같이 설명했다.

> 그러므로 만물을 태어나게 하는 것은 태어나지 않으며, 만
> 물을 변하게 하는 것은 변화하지 않는다. ……저절로 태어나고
> 저절로 변화하며, 저절로 형태를 이루고 저절로 빛깔을 나타내
> 며, 저절로 지혜로워지고 저절로 힘을 지니게 되며, 저절로 사
> 라지고 저절로 그친다. (『열자』 「천서」)
>
> (有生不生, 有化不化. ……自生自化, 自形自色, 自智自力, 自消自息.)

제2장 거꾸로 보고 뒤집어 보며

　　노자를 비롯한 도가 사상가들은 상식적으로 당연하다고 여기는 것들에 대해 그것이 정말 당연한지를 묻고, 모순되는 개념과 개념 사이를 넘어서는 새로운 개념을 제시해 전혀 다른 결론을 이끌어내는 특징이 있다. "이것이다" "저것이다" 라고 확정하기보다는 "이것일 수도 있고" "저것일 수도 있다" 는 식의 애매모호함으로 여유를 두는 방식을 취했다. 이것이 도가의 주요 특징 중 하나인 '역설'이다.

아름다움이 때론 추함이 될 수 있어

일반적으로 사람들은 어떤 사물을 대할 때, 둥근 것을 보고는 "이것은 둥글다"고 말하고, 네모난 것을 보고는 "저것은 네모나다" 말한다. 하지만 도가 사상가라면 이에 대해 어떻게 대답할까? 둥근 것을 보고도 "이것은 둥글지 않다"고 말하고, 네모난 것을 보고는 "네모나지 않다"고 대답할 가능성이 높다. 왜냐하면 아주 가까이에서 바라보면 둥근 것이 네모날 수도 있고, 아주 멀리 서서 바라보면 네모난 것이 둥글수도 있기 때문이다.

도가의 사상은 그 자체로 '역설'이다. 역설이란 언뜻 보면 상식에 어긋나지만 가만히 따져보면 그 안에 언어를 뛰어넘는 진리가 담겨 있는 것을 가리킨다. 비슷한 방식으로 노자는 인간이 갖는 아름다움과 선함에 대해서도 특별한 견해를 제시했다.

세상 모두가 아름답다고 여기는 아름다움은 추할 수 있다. 세상 모두가 선하다고 여기는 선함은 선하지 않은 것일 수도 있다. 그러므로 있음도 없음도 함께 생겨나고 어려움과 쉬움도 함께 생겨나고, 긺과 짧음도 함께 생겨나고, 높음과 낮음도 함께 생겨나고, 의미 있는 소리와 의미 없는 소리도 함께 생겨나

고, 앞과 뒤도 함께 생겨난다. (『도덕경』 제2장)

(天下皆知美之爲美, 斯惡已. 皆知善之爲善, 斯不善已. 故有無相生,

難易相成, 長短相較, 高下相傾, 音聲相和, 前後相隨.)

일반적인 시각에서 예쁘면 예쁘고, 그렇지 않으면 예쁘지 않은 것이다. 선한 것 역시 마찬가지다. 선하면 선하지, 그렇지 않다면 선하지 않은 것이다. 그런데 노자는 왜 세상 모두가 아름답다고 여기는 것이 때론 추할 수도 있고, 세상 모두가 선하다고 여기는 것도 때론 선하지 않을 수도 있다 말했을까?

중국 당나라 시대의 미인상은 요즘 말로 매우 '후덕'한 사람이었다. 그래야 복이 들어온다 믿었기 때문이다. 당나라 시대의 미인이 현대 사회에 산다면 미인이 아닐 수 있다. 또한 자기 기준에서 바라보면 못난 사람도 그의 부모에게는 세상 누구보다도 예뻐 보이기 마련이고, 자기 기준에서 잘한 일이라 하더라도 다른 사람의 눈에는 성에 안 찰 때가 있다.

선하다는 것 역시 다르지 않다. 동기가 선하다 하더라도 결과가 선하지 않을 수 있고, 결과가 선하더라도 동기는 선하지 않을 수도 있다. 도움을 바라는 사람에게는 도움을 주는 것이 좋지만 어려워도 도움을 원하지 않는 사람에게는 도움을 주지 않는 것이 오히려 선한 행동이다. 걸리버가 소인국에 가면 거인이 되고 거인국에 가면 소인이 되는 것도 마찬가지다.

이처럼 도가에서는 단정 짓는 것 그리고 한쪽에 치우친 견해를 지극히 경계한다. 무언가에 대해 상대적인 시각에서 바라본다면 노자의 목소리에 담긴 의미를 이해할 수 있다. 나아가 어떤 마음 자세를 갖고 있느냐에 따라, 때론 상황에 따라 선악도 시비도 달라질 수 있다. 예쁘다고 그것을 자랑하면 미워 보이고, 못생겨도 묵묵히 살아가는 사람은 아름다워 보일 수 있다.

양자가 송나라 여관에 묵을 때의 일이다. 여관 주인에게 첩이 둘이 있었는데, 그중 하나는 미인이고 다른 하나는 추녀였다. 그런데 추녀는 귀한 대접을 받고 있었고 미녀는 천대를 받고 있었다. 양자가 그 까닭을 묻자, 여관 주인의 어린 아들이 이렇게 설명했다. "미인은 자신을 아름답다고 여겨 자랑하기에 나는 그 여자가 아름다운 것을 모르겠소. 추녀는 자신이 못생겼다는 걸 알고 있어 겸손하기에 나는 그녀가 못생겼는지 모르겠소."

이에 양자가 제자들에게 말했다. "너희들은 잘 기억해두어라. 어진 행동을 하더라도 스스로 어질다 뽐내는 생각과 행동이 아니라면 어디서든 사랑받지 않겠느냐?" (『장자』 「산목」)

(陽子之宋, 宿於逆旅. 逆旅人有妾二人, 其一人美, 其一人惡. 惡者
貴而美者賤. 陽子問其故, 逆旅小子對曰, "其美者自美, 吾不知其美也.
其惡者自惡, 吾不知其惡也." 陽子曰, "弟子記之! 行賢而去自賢之行,
安往而不愛哉!)

이 이야기에서 아름다움의 기준은 '얼굴'이 아닌 '마음'이
다. 자신이 아름답다고 해서 아름답다고 떠벌리는 사람보다
자신이 아름답지 않다고 하는 사람의 마음이 '아름답기에'
추녀는 대접을 받을 수 있었다. 사람의 관계에서도 다를 게
없다. 아무리 외모가 뛰어나고 말솜씨가 유려하다 해도 그
사람이 가진 태도가 문제라면 그 사람과는 결코 좋은 관계
를 유지할 수 없다.

물리적 세계에서도 이런 시각을 발견할 수 있다. 현미경
으로 들여다보는 세포의 세계는 매우 세밀하다. 하지만 그
보다 더 작은 분자, 그보다 더 작은 원자의 세계에서 바라보
면 그것을 작다고 말할 수 없다. 정말 우주의 끝이 있다면 그
곳에 서서 정반대의 우주의 끝을 알 수 있다고 말할 수 있을
까? 무엇이라 단정 지을 수도, 확정 지을 수도 없는 일이 세
상엔 정말 많다.

이처럼 도가는 대체로 일반 사람들이 '당연하게 여기는
견해'에서 벗어나 있다. 어떻게 내가 가진 기준만이 절대적

이고 완벽하다 할 수 있겠는가. 자신이 아는 것, 자신이 믿는 것만이 진리이고 최고라 여기는 편견과 선입견은 인간의 사고를 제약하기 마련이다. 도가에서는 도에 이른 사람은 무지와 착각과 오류를 벗어나 그것으로부터 자유롭기 때문에 그 어느 것에도 집착하지 않는다고 보았다.

연약하고 부드럽고 비어 있어야

도가의 생각들을 살펴다보면 하나의 현상을 두고도 수많은 해석이 가능하고, 그러한 수많은 해석을 살펴봄으로써 내가 지닌 생각을 검토해볼 기회가 생겨남을 알 수 있다. 거꾸로 보고 뒤집어 보면서 제대로 보지 못했거나 한 번도 생각지 못했던 것들을 발견할 수 있다. 이러한 인식의 전환이 도가 사상의 특징이고 그것이 도가 사상이 지닌 꾸준한 생명력이기도 하다.

세상에서 가장 부드러운 것이 가장 강한 것을 이긴다. (『도덕경』 제43장)

(天下之至柔, 馳騁天下之至堅.)

무예이자 스포츠인 '유도柔道'를 보자. 유도라는 말은 말 그대로 '부드러운 도'다. 유도는 상대방의 힘을 이용하거나 역이용하는 기술이다. 힘으로 상대방을 타격하는 권투나 제압하는 레슬링과는 반대다. 상대가 주먹을 뻗어 나를 치려 하면 나에게 오는 그 강한 힘을 다른 곳으로 향하게 해서 그 사람을 넘어뜨리기 때문이다. 그저 힘을 주기보다 힘의 흐름을 이용하기 때문에 '부드러움의 도', 즉 '유도'다.

사람의 마음 또한 다르지 않다. 너무 경직되어 있기보다 유연하게 대처하는 것이 더 좋은 결과를 얻을 때가 있다. 살다보면 일부러 져주는 경우가 있다. 엄마가 아들에게, 아빠가 딸에게, 선배가 후배에게, 친구가 친구에게 양보할 때다. 이길 수 없어 그런 것이 아니라, 상대방을 기분 좋게 하기 위해 또는 자기는 못 가지더라도 상대방이 갖게 하기 위해 져준다. 표면상으로는 졌지만 이를 통해 마음은 기쁘기 때문이다. 이렇게 얻은 기쁨은 더욱 값지다.

부드러움이 강함을 이기는 것처럼 노자는 역설을 통해 세상의 이면을 들여다본다. 또 다른 역설을 살펴보자.

휘어야 온전할 수 있고, 굽어야 곧아질 수 있으며, 움푹 파여야 채울 수 있고, 헐어야 세울 수 있으며, 적어야 얻을 수 있고, 많으면 미혹할 수 있다. (『도덕경』 제22장)

(曲則全. 枉則直. 窪則盈. 幣則新. 少則得, 多則惑.)

창고는 항상 비어 있어야 그곳에 물건을 채울 수 있고, 무언가를 갖겠다는 욕심을 버려야 새로운 것을 얻을 수 있다. 낙숫물이 바위를 뚫듯 아주 연약해 보이는 사물이 실제로는 더 강한 힘을 발휘할 때가 있고, 딱딱한 주먹이 아닌 부드러운 말 한마디로 원하는 것을 얻을 수 있다. 강한 바람에 갈대가 부러지지 않는 것은 가지가 부드럽기 때문이고, 돈이 많으면 걱정거리가 많아지는 것은 이를 지키기 위한 마음 때문이다.

생활에서도 이러한 역설의 예는 수없이 많이 발견할 수 있다. '미니멀리즘'은 불필요한 것들을 버리고 번잡스러운 것들을 정리해 최소한의 것만 소유하고 살아가는 태도다. 이를 통해 얻을 수 있는 것이 무엇일까? 바로 삶의 균형이다. 사회 구조가 복잡해지고 많은 물건이 생산되는 문명의 발전이 사람들에게 자기 삶을 조절할 수 있는 힘을 잃게 했기 때문에 생긴 반작용이다.

또 다른 예로, 음악을 하거나 운동을 하는 사람들이 가장 많이 듣는 말 중 하나가 "힘을 빼라"라는 말이다. 긴장을 풀어야 연주도 마음대로, 운동도 원하는 대로 할 수 있기 때문이다. 시험을 볼 때 실수를 하더라도 빨리 잊어버려야 다른 문제에 집중할 수 있다. 사랑도 마찬가지다. 자기를 고집하면 다투기 마련이다. 이러한 역설적 방식은 삶의 균형뿐만 아니라 삶에 새로움을 안겨주기도 한다.

도를 체득한 사람은 채우려 하지 않는다. 채우려 하지 않기 때문에 버리고 다시 새로워질 수 있다. (『도덕경』제15장)

(保此道者, 不欲盈. 夫唯不盈, 故能蔽不新成.)

사람은 자신이 가진 것을 쉽게 버리지 못한다. 하나를 가지면 그 하나를 버리는 대신에 다른 하나를 갖고 싶고, 둘을 가지면 그 둘을 버리지 못하고 다른 하나를 더 얻고자 한다. 이는 소비 시대의 생활 방식이자 '더하기' 방식에 비유할 수 있다. 하지만 노자는 '빼기' 방식을 통해 이미 가진 것을 버려야 새로 얻을 수 있다고 말한다. 이는 단지 물질적인 것에만 그치지 않는다. 자신이 기존에 갖고 있던 견해나 지식 등을 버림으로써 새로운 지혜와 통찰을 얻기도 한다.

학문의 길은 하루하루 쌓아가는 것이고, 도의 길은 하루하루 없애는 것이다. 없애고 없애 무위의 경지에 이르러라. 무위로 하면 되지 않는 일이 없다. (『도덕경』제48장)

(爲學日益, 爲道日損. 損之又損, 以至於無爲. 無爲而無不爲.)

'무위無爲'는 보통 억지로 무언가를 하지 않거나 애써 무언가를 하지 않는, 다시 말해 '무언가를 하려 하는 마음 없이 하는' 상태를 가리킨다. 노자의 핵심 사상인 무위는 그 자체로 하나의 역설이다. 청소를 해야 한다는 마음 없이 청소를 할 때 평소에 하기 싫은 청소를 가볍게 할 수 있고, 남을 돕는다는 마음 없이 남을 도울 때 그것이 참된 도움이 될 수 있으며, 해야 하는 공부라면 억지로 해야 한다는 마음 없이 공부할 때 능률이 오를 수 있는 것과 같은 이치다. 노자는 이러한 무위의 방식을 통해 살아야 한다고 강조했다.

쓸모없음이 쓸모 있음을 만들어내고

  인간은 집을 짓기 위해 바닥을 다지고 기둥을 세우고 벽을 쌓는다. 새는 둥지를 짓기 위해 나뭇가지를 물어다 촘촘히 쌓아 올린다. 집을 짓는 이유는 비와 바람을 막고 생활할 공간을 만들기 위해서다. 인간은 벽이나 기둥에 기대어 사는 것이 아니고 새는 나뭇가지 위에 알을 낳는 것이 아니다. 인테리어와 익스테리어에 치중하는 것은 집을 좀 더 아름답게 꾸미기 위한 일일 뿐, 집의 본래적 기능은 안락하고 안전한 생활 공간을 얻는 데 있다.

서른 개의 바큇살이 한데 모여 바퀴통을 이루는데, 그 안이 비어 있어 수레의 쓰임이 생겨난다. 흙을 빚어 그릇을 만드는데, 그 안이 비어 있어 그릇의 쓰임이 생겨난다. 문과 창을 뚫어 방을 만드는데, 그 안이 비어 있어 방의 쓰임이 생겨난다. 그러므로 있음은 기능을 만들어내고 없음은 쓸모를 생겨나게 한다. (『도덕경』 제11장)

(三十輻共一轂, 當其無有車之用. 埏埴以爲器, 當其無有器之用. 鑿戶牖以爲室, 當其無有室之用. 故有之以爲利, 無之以爲用.)

바큇살이 모이는 바퀴통이 비어 있지 않으면 바퀴는 굴러갈 수 없다. 빈 공간이 없으면 건물은 인간에게 아무 소용이 없다. 그릇도 마찬가지다. 물을 담을 수 있는 텅 빈 모양으로 빚어야 그 쓰임이 생겨난다. 안이 가득 차 있는 그릇에는 아무것도 담아 먹을 수 없다. 노자는 쓸모없는 부분이 반드시 있어야 쓸모가 생긴다고 주장했다.

장자 또한 똑같은 주장을 했다.

혜시가 장자에게 말했다. "자네가 하는 말은 아무런 쓸모가 없다네."

장자가 대답했다. "쓸모없는 것을 알아야 쓸모 있는 것에 대해 말할 수 있다네. 하늘과 땅은 정말 넓고도 큰데, 사람이 걸어 다닐 때엔 발을 디딜 만한 땅만 있으면 그뿐이야. 그런데 말일세, 그렇다고 만일에 발을 딛고 있는 부분을 재어 그것만 남겨두고 나머지 부분들을 땅속까지 파 없애 저승에까지 이른다면 어떻게 되겠는가? 그래도 발을 딛고 서 있는 부분의 땅이 쓸모가 있을까?"

혜시가 말했다. "쓸모없지."

"그러니 쓸모없는 것도 쓸모 있다 말할 수 있겠지." (『장자』 「외물」)

(惠子謂莊子曰, "子言无用." 莊子曰, "知无用而始可與言用矣. 天地非不廣且大也, 人之所用容足耳. 然則厠足而墊之致黃泉, 人尙有用乎?" 惠子曰, "无用." 莊子曰, "然則无用之爲用也, 亦明矣.")

내가 딛고 서 있는 1제곱미터의 땅을 제외하고 그 끝을 알 수 없는 낭떠러지에 서 있다면 어떤 기분이 들까? 정말 무시무시한 일이 아닐 수 없다. 인간이 평지에 서서 바람을 맞을 수 있는 것은 발을 딛고 서 있는 공간의 수백, 수천 배나 되는 텅 빈 공간이 있어 가능하다. 도시의 나무가 쓸모없다고 베어버리고, 도시의 강이 쓸모없다고 메워버리면 당장 숨이 막혀 죽지는 않겠지만 갑갑함을 견디지 못할 것이다. 나무가 있어 그늘이 생기고, 강이 있어 시원한 바람도 불어오는 법이다.

하루는 산속을 걷던 장자가 잎과 가지가 무성한 거대한 나무를 보았다. 그 아래에는 나무꾼이 있었는데, 그는 나무를 벨 생각은 않고 가만히 서 있었다. 장자가 그 이유를 물었더니 나무꾼이 대답했다. "이 나무는 쓸모가 없어요."

　그 말을 들은 장자가 옆에 있던 제자에게 말했다. "이 나무는 재목이 될 수 없어서 오히려 타고난 천수天壽를 다할 수 있느니라." (『장자』「산목」)

　(莊子行於山中, 見大木, 枝葉盛茂. 伐木者止其旁而不取也. 問其故, 曰, "无所可用." 莊子曰, "此木以不材得終其天年!")

　위의 이야기에서 보듯 나무꾼이 그 아래 서 있던 나무는 꾸불꾸불하게 자라 목재로는 적합하지 않을 수 있다. 하지만 그로 인해 나무꾼의 도끼를 피해 천수를 누릴 수 있었다. 인간의 편에 서서 보면 아무짝에도 쓸모없는 나무일지 모르나 나무의 입장에서는 쓸모없다고 여기는 부분이 쓸모를 낳은 것이다. 매우 역설적인 상황이다. 그리고 전혀 기대하지 않았던 대답이라 놀라울 따름이다.

　휴식이나 여가 역시 쓸모없는 일에 해당한다. 휴식을 하며 방에서 뒹굴뒹굴하는 것은 '생산성'으로 따지면 제로에 가깝다. 수다를 떨거나 뜨개질을 하거나 스포츠를 즐기거나 놀이공원에서 노는 일들은 그 자체로 즐거운 일이지 그것이 돈을 벌게 해주지는 않는다. 하지만 휴식이나 여가가 있어야 삶은 균형을 찾을 수 있다. 일을 하느라 지친 몸과 마음이 회복할 수 있는 시간을 마련해주는 일이기 때문이다. 매 순간 쓸모를 위해 산다면 어느 순간 지쳐 쓰러질 날이 올 것이다.

노자는 모든 사물의 본질은 이처럼 보기엔 쓸모없지만 그 안엔 필요하고 핵심적인 요소를 담고 있다 여겼다. 멋진 디자인의 바퀴도, 예쁜 문양이 새겨진 그릇도 그 본래 기능을 다하는 것이 중요하다. 기능에 충실한 디자인이라야 노자는 이를 쓸모 있다 여길 것이다. 오감을 만족한다고 해서 반드시 좋거나 그 기능에 충실한 것은 아니다. 무엇보다 본질에 집중해야 한다. 이것이 '쓸모없음의 쓸모 있음'이 갖는 의미다.

상대의 입장에서 바라보기

역지사지易地思之. 상대방의 입장에 서서 상대를 이해해보라는 의미의 사자성어다. 공자의 어록인 『논어』에 등장하는 이 사자성어를 도가의 역설로 바라보면 어떨까? 남의 입장에 선다는 건 그 사람을 이해하고 공감하는 것뿐만 아니라 내가 가진 시각과 인식을 바꾸는 일이기도 하다. 또한 선입견에서 벗어나 자유로운 사고를 통해 개방적인 마음으로 세상을 담으라는 의미로 받아들일 수 있다. 장자와 혜시의 대화를 들어보자.

장자가 혜시와 함께 호수의 징검돌 위를 어슬렁거리고 있었다. 장자가 중얼거렸다. "피라미들이 헤엄치면서 한가롭게 놀고 있군. 이것이 물고기의 즐거움이지."

혜시가 말했다. "자네는 물고기가 아닌데 어떻게 물고기의 즐거움을 아나?"

장자가 대답했다. "자네는 내가 아닌데 내가 물고기의 즐거움을 모른다는 것을 어떻게 알지?"

혜시가 말했다. "나는 자네가 아니니까 정말로 자네를 알지 못해. 자네 역시 정말로 물고기가 아니니까 자네가 물고기의 즐거움을 모른다는 것이 확실하지."

장자가 말했다. "처음으로 돌아가 생각해보지. 자네가 '자네는 물고기가 아닌데 어떻게 물고기의 즐거움을 아나?'라고 물은 것은 내가 그것을 알고 있다는 사실을 자네가 이미 알고서 물은 거야. 나는 호수의 물가에서 그걸 알았어."(『장자』「추수」)

(莊子與惠子遊於濠梁之上. 莊子曰, "儵魚出遊從容, 是魚之樂也." 惠子曰, "子非魚, 安知魚之樂?" 莊子曰, "子非我, 安知我不知魚之樂?" 惠子曰, "我非子, 固不知子矣. 子固非魚也, 子之不知魚之樂, 全矣." 莊子曰, "請循其本. 子曰, '汝安知魚樂?'云者, 旣已知吾知之而問我. 我知之濠上也.")

대화를 재구성해보면 혜시는 처음부터 "물고기의 즐거움을 알고 있다"는 장자의 생각을 지적하고자 했다. 혜시는 장자의 생각이 그저 장자 입장에서 바라본 것에 불과하지 않느냐며 묻고 있다. 그러자 장자는 혜시의 그 생각이 오히려 혜시의 입장에서 생각한 것이 아니냐며 꼬집었다. 나만 그런 것이 아니라 너도 결국 '자기' 입장에서 바라본 것을 말하고 있다는 의미다.

혜시는 혜시의 입장에서 장자를 바라보았고, 장자는 장자의 입장에서 물고기를 바라보았다. 그렇다면 물고기의 입장에서 혜시와 장자는 어떻게 보였을까? 아마도 아무 생각도 없는 자기를 바라보며 즐겁다니 즐겁지 않다니 따지는 두 사람이 어이없게 보이지 않았을까?

상대의 입장에 서서 바라본다는 건 왜 어려운 일일까? 이는 상대의 입장에 서서 이해할 필요가 없다는 닫힌 마음 때문이기도 하지만, 상대의 입장에 서는 것 자체가 어려운 일이기 때문이다. 상대의 입장에 서보는 것은 오랜 연습과 시행착오를 통해 끊임없이 배워야 하는 일이므로 단번에 얻을 수 없다. '내 알 바 아니다'라고 생각한다면 애써 상대방의 마음을 이해하려고 노력할 이유가 없다. 그럼에도 이러한 노력을 기울이면 공감의 폭도 넓어지고 인식의 깊이도 깊어져 사람의 품도 더 커질 수 있다. 장자의 이야기를 들어보자.

나와 당신이 논쟁을 했다고 가정해봅시다. 당신이 나를 이기고 내가 당신에게 졌다면 당신이 옳고 내가 틀렸을까요? 내가 당신을 이기고 당신이 내게 졌다면 내가 옳고 당신이 틀린 걸까요? 한쪽이 옳고 다른 쪽이 틀렸을까요, 아니면 두 쪽 다 옳을까요, 아니면 두 쪽 다 틀린 걸까요? 나도 당신도 알 수 없고, 제삼자도 판단을 내릴 수가 없다오. 이제 누구를 시켜 판단을 하면 좋겠소? (『장자』「제물론」)

(既使我與若辯矣. 若勝我, 我不若勝, 若果是也, 我果非也邪? 我勝若, 若不吾勝, 我果是也, 而果非也邪? 其或是也, 其或非也邪? 其俱是也, 其俱非也邪? 我與若不能相知也, 則人固受黮闇, 吾誰使正之?)

가만히 생각해보면 일상적으로 많은 사람이 이러한 인식의 오류를 가진다. "내가 그렇게 여긴다는데 네가 왜?"라는 막무가내식 태도가 여기에 해당한다. 대체로 그렇게 배워와서 그것이 옳다 여겼고, 그것에 대해 옳은지 그른지 깊이 생각해본 일 없이 믿어온 탓도 있다. 이것이 아집이 되어 갈등의 원인으로 작용하기도 한다. 이런 생각들을 벗어던지지 않는 한 인식의 벽에 가로막혀 편협한 사람이 될 수밖에 없다.

이처럼 인간은 자기가 믿는 것을 믿고 오직 그것에 따라 행동하는 경우가 많다. 복이 화가 될 수 있고 화가 복이 될 수 있는 것처럼, 자기가 믿는 것이 때론 그를 수 있음에도 그런 것들을 고려하지 않기 때문이다. 자기가 옳다고 믿는 것이 실제로 그르다 해도 옳다고 믿고, 자기가 그르다고 믿는 것이 실제로 옳다 해도 그르다고 믿는 것이 사람이다. 인간은 생각만큼 합리적이지 않고, 오히려 불합리한 것들에 목숨을 거는 경우가 많다. 이를 타파하려는 것이 장자의 의도다.

전체를 볼 줄 알아야

'인생사 새옹지마塞翁之馬'라는 말을 한번쯤 들어보았을 것이다. '새옹지마'란 '변방 노인의 말'이라는 의미로, 그 원형은 『회남자』에 실려 있는 고사다.

[중국의] 변경 지방에 술법을 아는 사람이 살았다. 어느 날 그 집에서 기르던 말이 느닷없이 오랑캐 땅으로 도망쳤다. 사람들이 위로하자 노인은 "이것이 복이 될지 누가 아느냐?"라고 말했다. 그로부터 몇 달 뒤 도망친 말이 오랑캐의 준마과 함께 돌아왔다. 이번엔 사람들이 이를 축하하자 노인은 "이것이 화가 될지 누가 아느냐?"라고 말했다. 집안에 좋은 말이 늘어났는데 그 아들이 말타기를 좋아하여 그 말을 타다 다리가 부러졌다. 사람들이 위로하자 노인은 "이것이 복이 될지 누가 아느

냐?"라고 말했다. 1년 뒤 오랑캐가 대규모로 쳐들어와 장정들이 활을 들고 나가 싸웠다. 그 마을에서만 열아홉 명이 죽었는데, 그 집 아들만 절름발이여서 부자가 재앙을 면할 수 있었다. (『회남자』「인간훈」)

(近塞上之人, 有善術者. 馬無故亡而入胡, 人皆弔之, 其父曰, "此何遽不爲福乎?" 居數月, 其馬將胡駿馬而歸, 人皆賀之, 其父曰, "此何遽不能爲禍乎?" 家富良馬, 其子好騎, 墮而折其髀, 人皆弔之, 其父曰, "此何遽不爲福乎?" 居一年, 胡人大入塞, 丁壯者引弦而戰. 近塞之人死者十九, 此獨以跛之故, 父子相保.)

화라고 생각하는 데서 복이 나오고, 복이라 생각하는 데 화가 숨어 있다. 누가 그 끝을 알 수 있는가? [절대적으로] 옳은 것은 없다. 올바름이 변하여 이상한 것이 되고, 선한 것이 변하여 사악한 것이 된다. 사람이 얼마나 미혹한가. (『도덕경』 제58장)

(禍兮福之所倚, 福兮禍之所伏, 孰知其極? 其無正. 正復爲奇, 善復爲妖. 人之迷, 其日固久.)

살다보면 이러한 일이 부지기수로 일어난다. 또한 좋은 일이라고 여겼던 것이 나중엔 나쁜 일이 되고, 나쁜 일이라고 여겼던 것이 나중엔 좋은 일이 되기도 한다. 때론 인생에서 너무나 절망적인 상황이어서 왜 내가 이런 일을 겪어야 하는지 세상을 원망할 때가 있고, 때론 정말로 행복해 이 행복이 오래도록 끝나지 않기를 바랄 때가 있다. 또한 어찌 될지 모르는 인생 앞에서 때론 "인생 뭐 있어?" 하며 자기 직감을 믿고 운에 맡기는 경우도 있고, "그래도 긴 인생!" 하며 통장 열 개와 보험 열 개를 들며 노후를 대비하며 살아가는 사람도 있다. 실패가 성공으로 이어지기도 하고 성공이 실패로 이어지기도 하는 등 인생이라는 긴 시간을 두고 보면 이러한 일들은 자주 일어날 수 있다.

이처럼 인생에서는 내 바람과는 상관없는 일들이 발생한다. 비극적인 날과 기쁨에 차 있는 날이 갈마드는 것처럼, 인생 전체로 본다면 희극도 비극도 아닐 수 있다. 그러므로 작은 것에 너무 연연하기보다 느긋함을 가져야 할 필요도 있다. 삶에서 다양한 경험을 하고 여기에 깊은 사유를 보태면 세상만사를 좀 더 유연하게 바라볼 수 있는 생각의 힘이 자라날 수 있다. 이것이 도가에서 지향하는 목표다.

원숭이를 기르는 사람이 원숭이들에게 도토리를 주며 "아침에 세 개를 주고 저녁에 네 개를 주겠다"고 하자 원숭이들이 모두 화를 냈다. 그가 다시 "그렇다면 아침에 네 개를 주고 저녁에 세 개를 주겠다"라고 바꿔 말했다. 그러자 원숭이들이 모두 기뻐했다. 명칭이나 실질에 더함과 빠짐이 없는데 원숭이들은

그것을 기뻐하거나 화내는 근거로 삼았다. 이는 자신이 옳다고

믿는 바를 따랐기 때문이다. (『장자』「제물론」)

(狙公賦芧曰, "朝三而暮四." 衆狙皆怒. 曰, "然則朝四而暮三." 衆狙

皆悅. 名實未虧而喜怒爲用, 亦因是也.)

이 이야기에서 원숭이들은 전체를 보지 못했다. 전체로
보면 아침에 네 개든 저녁에 네 개든 그 합은 일곱이다. 아
침에 세 개, 저녁에 네 개도 합은 일곱 개이고, 아침에 네 개,
저녁에 세 개도 합은 일곱이다. 먹어야 하는 양이 일곱 개라
면 세 번에 나누어서 먹든 네 번에 걸쳐 먹든 일곱 개를 먹
으면 그만이다. 그럼에도 원숭이는 자신이 옳다고 믿는 바
를 따랐다.

장자는 부분보다는 전체를 바라보기를 원한다. 좀 더 넓
게, 멀리 바라본다면 좀 더 현명하게 대처할 수 있다. 전체로
본다면 셋이나 넷이 중요하진 않다. 결국엔 그 합이 일곱이
기 때문이다. 사람의 마음 또한 간사해 원숭이와 같은 선택
을 하는 경우가 흔하다. 눈앞의 것이 아른거리기 때문이다.
하지만 전체에서 바라본다면 손해가 이익이 되기도 하고 이
익이 손해가 되기도 한다. 물론 손해도 이익도 아닌 본전일
수도 있다.

전체를 바라보기 위해서는 단지 눈앞에 펼쳐진 사건만

이 아니라 그 사건을 이루게 한 원인과 그 사건이 앞으로 불러올 또 다른 결과를 고려할 줄 아는 사유의 힘이 필요하다. '만일 이런 일이 일어난다면?' '만일 이런 일 대신 저런 일이 일어난다면?' 등과 같은 다양한 '사고 실험'을 통해, 드러나는 현상뿐만 아니라 잘 드러나지 않는 본질적인 측면을 고려하는 연습이 필요하다. 이것이 도가에서 추구하는 삶의 지혜다.

제3장 도가에서 추구하는 이상적 삶과 인간

철학에서는 개인적으로 마주하는 자기 진로와 자아정체성의 문제와 마찬가지로 인간으로서 마땅히 해야 할 일과 그러한 일들을 통해 다가서려는 이상적인 인간상에 대한 논의들이 많이 이루어져왔다. 왜 인간이 도덕을 실천해야 하는지, 어떻게 하면 인간을 선한 생각과 행동으로 이끌 수 있을지에 대한 사유들이다.

그렇다면 도가에서 추구하는 가치관과 이상적인 생각과 행동 그리고 이러한 모든 것이 갖추어진 '이상적 인간'은 어떤 것일까?

통나무와 갓난아기와 물

노자는 자신이 생각하는 이상적인 인간을 다듬지 않은 통
나무[樸], 갓난아기[嬰兒] 그리고 물[水]이 지닌 특성에 비유
해 제시했다. 오늘날의 시각으로 보면 웬 뜬금없는 소리일까
싶지만 가만히 귀 기울여보면 고개를 끄덕일 만한 대목들이
많다.

> 세상의 골짜기가 되면 참된 덕이 풍족하게 될 테니, 다시 통
> 나무 상태로 돌아갈 것이다. (『도덕경』 제28장)
>
> (爲天下谷, 常德乃足, 復歸於樸.)

'세상의 골짜기'란 모든 생명의 근원이라는 의미다. 이곳
은 덕이 풍족하니, 이렇게만 될 수 있다면 다시 통나무 상태
로 돌아갈 것이라 말한다.

다이아몬드 원석보다 가공한 다이아몬드가 훨씬 값어치
있는 것처럼, 언뜻 보기에는 다듬지 않은 통나무보다 다듬은
나무가 더 값진 것처럼 보인다. 그러나 노자는 가공한 통나
무는 인간이 손댄 것이기 때문에 그 나무가 간직한 고유함
이 사라졌다는 점에서 본래의 가치를 잃어버린 것이라 보았
다. 노자가 말하는 '통나무'는 어떤 조작도 가해지지 않은 '소

박'과 '순박'의 상징이다. '통나무'를 가리키는 '박樸'자가 바로 소박함과 순박함의 '박'이다.

이를 인간에 적용해보자. 소박하고 순박한 사람들의 특징은 대개 억지로 꾸미지 않고 있는 그대로 살아가는 사람들이다. 또한 무던하고 담담해 자랑할 거리가 생긴다 해도 크게 떠벌리지 않고, 욕심을 내지 않고 아주 작은 것에도 기뻐하고 감사할 줄 아는 사람이기도 하다. 또한 말은 없지만 깊이가 있는 사람을 가리키기도 한다.

다음으로 영아, 즉 갓난아기의 비유를 살펴보자.

기운을 오롯이 하여 갓난아기처럼 할 수 있겠는가? (『도덕경』 제10장)

(專氣致柔能嬰兒乎?)

천지 분간을 못 하는 갓난아기는 본능에 충실하다. 먹고 싶으면 먹고, 싸고 싶으면 싸고, 불편하면 울고, 기분 좋으면 웃는다. 무엇보다, 지치지 않는다. 갓난아기는 언제 어느 순간에나 그 순간에 빠져 있다. 한번 울면 그치지 않는 것처럼 한번 웃으면 그 웃음이 한동안 지속되기도 한다. 호랑이가 물고 가도 두려움이 없는 것이 갓난아기다. 이처럼 갓난아기는 사물에 대한 아무런 느낌이나 감정·생각을 갖지 않는다.

이와 같은 특성을 지닌 갓난아기는 자기를 고집하는 '자아'가 없는 상태로 볼 수 있다. 그래서 편견이나 편협함도 없다. 순수 그대로다. 갓난아기가 먹을 것을 숨겨놓기 위해 울고, 편한데도 불편한 척 울고, 멀쩡한데도 아픈 척하며 우는 것을 본 적이 있는가? 심지어 도둑놈에게도 환하게 웃고, 착한 사람에게도 성을 내기도 한다. 그럼에도 언제나 귀엽고 사랑스러울 수 있는 것은 바로 '의도'가 없기 때문이다.

성인이 되어서는 갓난아기처럼 할 수 없다. 누군가에게 사심 없이 대하는 일은 어렵기만 하다. 또한 그렇게 해서도 안 된다. 당연히 철없는 사람으로 놀림을 받거나 무언가 못된 의도를 간직한 사람으로 의심을 받을 수 있기 때문이다. 그래서 노자는 갓난아기가 되라는 것이 아니라 갓난아기'처럼' 할 수 있느냐 묻고 있다. 그것이 곧 도에 따르는 일이고 도를 깨친 사람의 모습이다.

한편, 노자는 물처럼 살아가라 말한다. 물은 부족할 때 반드시 마셔줘야 하고, 많이 마셔도 질리지 않는 특성이 있다. 술이나 콜라를 지속적으로 섭취하면 독성이나 당분으로 몸을 해칠 수 있지만 물은 그렇지 않다. 오염된 물이 아니라면 물 자체는 몸에 해롭지도 않다. 오히려 물은 몸에 이로울 뿐 아니라 생명 유지에 가장 기본적인 요소다.

가장 좋은 것은 물처럼 되는 일이다. 물은 만물을 이롭게 할 뿐 다투지 않는다. 그리고 사람들이 가장 싫어하는 [낮고 더러운] 곳으로 흐른다. (『도덕경』 제8장)

(上善若水. 水善利萬物而不爭, 處衆人之所惡.)

물은 어디로든 흐른다. 더럽고 깨끗한 것을 가리지 않는다. 만물을 이롭게 하나 다투지도 않는다. 이것이 가능한 이유는 결코 '자기'를 내세우는 법이 없기 때문이다. 만물을 이롭게 해도 내가 그렇게 했다며 자랑을 하지 않고, 더러운 곳에 있어도 더러워 죽겠다고 불평하지도 않는다.

자기를 고집하지 않는 물은 또한 자유자재로 몸의 형태를 바꿀 수 있다. 네모난 병에 들어가면 네모나게, 둥근 병에 들어가면 둥글게, 유연함을 가지고 있다. 이것이 바로 노자가 물처럼 되라는 이유다.

이 밖에도 노자가 이상적 인간상으로 꼽은 것은 '어수룩한 인간'이다. 어수룩한 사람은 어떠한가? 말을 분명히, 강단 있게 하지 않는다. 그리고 이것인지 저것인지 명확한 자기 의견을 내지도 않는다. 다른 사람 입장에서는 답답한 마음에 가슴을 수십 번은 치고도 남을 그런 사람이 노자가 꼽는 이상적 인간상이다. 하지만 달리 보면 그만큼 깊이 있게 사고해 쉽게 단정 짓지 않고, 자기에게 솔직하고 자신을 꾸미지 않는다.

세상 사람 모두 여유 있어 보이는데, 나 홀로 빈털터리 같
다. 내 마음은 바보의 마음인가 흐리멍덩하기만 하다. 세상 사
람 모두 총명한데 나 홀로 아리송하고, 세상 사람 모두 똑똑한
데 나 홀로 맹맹하다. 바다처럼 잠잠하고 쉬지 않는 바람 같다.
(『도덕경』제20장)

(衆人皆有餘而我獨若遺. 我愚人之心也哉? 沌沌兮. 俗人昭昭, 我獨
昏昏. 俗人察察, 我獨悶悶. 澹兮其若海, 飂兮若無止.)

있는 모습 그대로

인간을 가장 힘들게 하는 것도 자존감일 것이고, 인간을
가장 힘차게 하는 것도 자존감일 것이다. 자기를 존중하는
마음인 자존감은 그 사람의 삶을 변화시킬 만큼 중요한 요
소다.
하지만 자존감을 기르는 일은 그리 쉽지만은 않다. 어쩌
면 스스로를 그렇게 보는 이유는 '무언가 부족해 보이고 무
언가 모자란다고' 생각해서일 수 있다. 하지만 자신을 있는
그대로 인정한다면 어떨까? 장자의 이야기를 들어보자.

세상 사람들이 가야 할 가장 올바른 길은 타고난 모습을 잃지 않는 것이다. 두 발가락이 본래부터 붙어 있는 것을 네발이라 하지 않고, 본래부터 손가락이 하나 더 덧붙었다고 육손이라 하지 않는다. 또 본래부터 긴 것은 남는다 하지 않고 본래부터 짧은 것을 부족하다 말하지 않는다. 그러므로 비록 오리의 다리가 짧다고 해도 그것을 이어주면 괴로워하고, 학의 다리가 길다고 해도 그것을 잘라주면 슬퍼한다. 그러므로 본래부터 긴 것을 잘라서는 안 되고 본래부터 짧은 것을 이어서는 안 된다. 이에 대해 근심하거나 두려워할 게 없다. (『장자』「변무」)

(彼至正者, 不失其性命之情. 故合者不爲騈, 而枝者不爲岐. 長者不爲有餘, 短者不爲不足. 是故鳧脛雖短, 續之則憂, 鶴脛雖長, 斷之則悲. 故性長非所斷, 性短非所續, 無所去憂也.)

장자는 장애인을 예로 들어 도를 설명한다. 장자가 보기에 본래부터 두 발가락이 붙어 나와 발가락이 네 개인 사람은 이상한 것이 아니라 그대로 자연스러운 일이고, 본래부터 짧은 것 역시 그대로 자연스러운 일이다. 장자는 '있는 그대로'를 인정하고, 그 모습 그대로 살아가는 것이 자연스러운 일이며, 이를 바람직한 인생관으로 생각한다.

한편으로 장자는 진정 결함이 있고 온전하지 못하다는 것이 무엇인지 되묻는다. 옛날에는 장애인을 절름발이·애꾸

눈·저능아와 같이 장애를 가진 부위를 가리켜 불렀다. 비장애인에 비해 열등하고 무언가 모자란 인간 취급을 하는 단어였다. '장애인'이라는 것 역시 비장애인이 만든 개념에 불과하다. 상대적 시각에서 보면 이는 편협한 생각이다. 오늘날에는 장애를 '장애'로 보지 말아야 한다는 공감대가 형성되었고, 이런 의미에서 장애인이 아닌 사람들을 '정상인' 대신 '비장애인'으로 호칭하기도 한다. 이러한 호칭의 변화는 장애에 대한 인식의 변화로부터 비롯되었다. 장애인과 비장애인의 차이는 실제로 장애가 있느냐 없느냐의 차이가 아니라, 장애를 장애로 보느냐 아니냐에 달려 있기 때문이다.

물론 이런 장자의 말을 듣고 있자면 타고난 대로, 나에게 주어진 대로만 살아야 하는지 의문을 가질 수 있다. 요즘 세상에서는 그렇게 살아야 할 이유가 없기 때문이다. 성형도 하고 영어도 배우며 더 노력하면 더 잘살 수 있는 세상인데, 타고난 만큼, 주어진 만큼만 살라는 말은 너무 소극적이고 때론 비관적으로 들릴 뿐이다.

장자가 이렇게 말하는 이유는, 타고난 모습 그대로도 충분하니 자신의 진면목을 발견하라는 의미다. 조금만 더, 조금만 더, 무언가를 더 얹거나 더하려다 오히려 탈이 날 수 있기 때문이다.

내가 말하는 온전함이란 인의를 말하는 것이 아니라 자신의 본래 그러함을 따르는 것이다. 내가 말하는 귀 밝음이란 상대의 음악에 정신을 빼앗기지 않고 스스로 자연스레 듣는 것이다. 내가 말하는 눈 밝음이란 남들이 정해놓은 기준에 따라 보지 않고 스스로 보는 것일 뿐이다. 스스로 자연스레 보지 않고 남의 기준에 따라 보는 것은 스스로 만족하지 못하고 남의 기준에 따라 만족한 것처럼 여길 뿐, 진정 스스로 만족스럽다고 여기는 것에 따른 만족감이 아니다. 또 남이 즐겁다고 여기는 기준에 따라 즐거운 것처럼 여길 뿐, 진정 스스로 즐겁다고 생각하는 것에 따른 즐거움이 아니다. (『장자』「변무」)

(吾所謂臧者, 非所謂仁義之謂也, 任其性命之情而已矣. 吾所謂聰者, 非謂其聞彼也, 自聞而已矣. 吾所謂明者, 非謂其見彼也, 自見而已矣. 夫不自見而見彼, 不自得而得彼者, 是得人之得而不自得其得者也, 適人之適而不自適其適者也.)

장자는 사람들에게 이렇게 살아라, 저렇게 살아라 하는 말들이 오히려 사람들의 순박한 마음을 파괴한다고 보았다. 그래서 그는 당시에 유가에서 인과 예에 따라 살라고 하는 것을 반대했다. 인과 예에 따르는 것이 아무리 좋은 일이라 하더라도 그것을 강요하는 것 자체가 문제다. 더군다나 누군가에겐 필요하고 도움이 될 수 있는 일이지만 어떤 사람에게는 아무런 도움도 되지 않고 필요치 않은 일이기도 하다.

나아가 장자는 남의 기준에 맞출 필요 없이 자기 기준에 따라 살고 그것을 즐기라고 조언한다. 만족이든 편안함이든 그 기준은 '나'에게 있지 '남'에게 있지 않다. 남이 만족스럽다고 말하는 것에 동조할 이유도, 남이 행복하다는 기준에 억지로 꿰맞춰야 할 이유도 없다. 남들이 자기를 어떻게 생각하느냐보다는 내가 나에 대해 어떻게 생각하고 있느냐 하는 것이 더 중요하다. 내가 충분하다면 그것으로 충분하다.

나를 잊고 나를 다스려

배를 타고 강을 건널 때 빈 배가 와서 부딪친다면 비록 성급한 사람일지라도 화내지 않습니다. 그런데 그 배 안에 사람이 타고 있다면 배를 물리거나 끌어당기라고 소리칠 것입니다. 한 번 소리쳐도 듣지 않고 다시 소리쳐도 듣지 않으면, 세 번째 소리칠 때에는 분명히 욕설이 뒤따르기 마련입니다. 아까는 빈 배였지만 지금은 사람이 타고 있기 때문입니다. 사람도 자기를 비우고 세상에서 노닌다면 누가 그를 해칠 수 있겠습니까. (『장자』「산목」)

(方舟而濟於河, 有虛船來觸舟, 雖有惼心之人不怒. 有一人在其上,則呼張歙之. 一呼而不聞, 再呼而不聞, 於是三呼邪, 則必以惡聲隨之.

向也不怒而今也怒, 向也虛而今也實. 人能虛己以遊世, 其孰能害之!)

　배를 타고 강을 건널 때 빈 배가 와서 부딪힌다면 속이 좁은 사람일지라도 화내지 않을 것이다. 그런데 그 배 안에 사람이 타고 있다면 상황은 달라질 것이다. 그 사람이 반응할 때까지 소리치고 또 소리칠 것이다. 길거리를 지나갈 때에도 마찬가지다. 우연히 부딪힐 때에는 상대에게 화를 내지 않지만 누군가 의도적으로 부딪쳤다는 생각이 들거나 일부러 피하지 않은 느낌이 든다면 화가 날 것이다.

　그런데 장자는 화의 원인을 타인이 아닌 자기에게 돌리고 있다. 예로부터 동양에서는 늘 자신의 내면을 다스리는 것에 큰 관심이 있었다. 타인과 갈등이 일어날 때에도 타인을 탓하기보다는 자신에게 문제가 없는지를 먼저 살폈다. 자신이 괴로움에 휩싸이는 이유와 원인을 타인이 아닌 자신에게서 찾았기 때문이다. 만일 누군가 나를 괴롭힌다 해도 그것에 신경을 쓰지 않는 마음의 평정을 추구했다. 장자는 이러한 수행을 '심재'와 '좌망'으로 표현했다.

　안회가 물었다. "심재란 무엇입니까?"

　중니(공자)가 대답했다. "잡념을 없애고 마음을 통일해서 귀로 듣지 말고 마음으로 들어라. 그리고 가능한 한 마음으로 듣지 말고 기氣를 통해 들어라. 귀는 소리를 들을 뿐이며 마음은 자기 틀에 맞는 것만 받아들일 뿐이지만, 기라는 것은 텅 비어서 모든 대상에 대응할 수 있느니라. 이 텅 빈 곳에는 오직 도만 남게 되는데, 마음을 텅 비운 것이 심재다."

안회가 말했다. "저는 선생님의 가르침을 받기 전에는 저 자신에 얽매여 있었습니다. 그런데 가르침을 받고 나니 저 자신에 구애받지 않게 되었습니다. 이런 것을 비움이라고 할 수 있을까요?"

선생이 말했다. "충분하다."(『장자』「인간세」)

(回曰, "敢問心齋." 仲尼曰, "若一志, 无聽之以耳而聽之以心, 无聽之以心而聽之以氣! 耳止於聽, 心止於符. 氣也者, 虛而待物者也. 唯道集虛. 虛者, 心齋也." 顔回曰, "回之未始得使, 實有回也. 得使之也, 未始有回也. 可謂虛乎?" 夫子曰, "盡矣.")

'심재心齋'란 '마음을 비우다' '마음을 굶기다'와 같은 의미다. 마음을 비우거나 굶기는 건 내 안의 욕망과 감정에 얽매이지 않는다는 의미다. 인간이 어떤 욕망과 감정을 품고 있을 때는 올바른 판단을 하기 어려울 때가 많다. 무언가를 갖고 싶은 마음, 남을 욕하고 싶은 마음, 나를 자책하는 마음, 다른 사람의 사랑을 얻고자 하는 마음, 남의 것을 빼앗고 싶은 마음 등을 버린 '텅 빈 마음'의 상태가 바로 '심재'다.

　　안회가 말했다. "제게 진전이 있었습니다."

　　중니가 물었다. "무슨 말이냐?"

　　"저는 인의(仁義)를 잊었습니다."

　　"좋다. 그러나 아직 부족하다."

　　다음에 다시 만나 말했다. "제게 진전이 있었습니다."

　　"무슨 말이냐?"

　　"저는 예악(禮樂)을 잊었습니다."

　　"좋다. 그러나 아직 부족하다."

　　다음에 다시 만나 말했다. "제게 진전이 있었습니다."

　　"무슨 말이냐?"

　　"저는 좌망(坐忘)할 수 있습니다."

　　중니가 깜짝 놀라서 물었다. "좌망이라는 것이 무엇이냐?"

　　안회가 설명했다. "몸의 감각에서 떠나고 마음의 지각에서
멀어져 대도와 하나가 되는 것을 좌망이라고 합니다."

　　중니가 말했다. "대도와 하나가 되면 편애가 사라지고, 그와
함께 변화하면 집착이 없어질 것이다. 너는 정말 총명하구나.
나도 네 뒤를 따르겠다."(『장자』「대종사」)

　　(顔回曰, "回益矣." 仲尼曰, "何謂也?" 曰, "回忘禮樂矣." 曰, "可矣, 猶
未也." 他日復見, 曰, "回益矣." 曰, "何謂也?" 曰, "回忘仁義矣." 曰, "可

矣, 猶未也." 他日復見, 曰, "回益矣." 曰, "何謂也?" 曰, "回坐忘矣." 仲尼
蹴然曰, "何謂坐忘?" 顔回曰, "墮肢體, 黜聰明, 離形去知, 同於大通, 此
謂坐忘." 仲尼曰, "同則無好也, 化則無常也. 而果其賢乎! 丘也請從而
後也.")

　처음에 안회는 인의仁義도 잊고 예악禮樂도 잊었다고 말했
으나 공자는 그걸로 부족하다 대답했다. 그러던 어느 날, 비
로소 안회가 좌망坐忘할 수 있다고 하자 중니가 깜짝 놀라 그
에 대해 설명을 부탁했다. '몸의 감각'과 '마음의 지각'을 없
애는 것이 안회가 말하는 좌망이다. 이는 아무것도 느끼거나
인식하지 못한다는 의미가 아니라, 공자가 말하듯 편애와 집
착이 없어져 대도大道와 하나가 된 상태를 가리킨다.
　인간에겐 자아가 있고 인간은 그 자아가 영원히 바뀌지
않을 것으로 믿고 평생 그것에 따라 살아간다. 하지만 '나'라
고 생각하는 자아는 계발과 성장을 통해 바뀌기도 하고 바
꿀 수도 있다. 변화할 수 있으므로 자아에 집착하거나 편애
하지 않을 수 있다. 안회가 자기를 완전히 비웠다는 의미는
이런 '나'를 버렸다는 의미다. 장자는 편애와 집착을 가진 자
아로부터 벗어난 대자유의 길로 나아가길 원했다.

돈과 명예와 권력에서 벗어나

돈과 명예와 권력은 인간이라면 누구나 갖고 싶은 것들 중 하나다. 돈과 명예와 권력을 가진다면 다른 사람보다 풍족하게 살거나 다른 사람에게 대우를 받거나 다른 사람을 지배할 수 있기 때문이다. 돈과 명예와 권력에 대한 욕망은 타인보다는 자기를 더 중시하는 이기심에서 비롯된다. 도가에서는 이러한 돈과 명예와 권력 그리고 이러한 것들을 갖고자 하는 인간의 욕망에 대해 부정적 입장을 취한다.

명성과 내 몸, 어느 것이 더 귀한가? 내 몸과 재물, 어느 것이 더 중한가? 얻음과 잃음, 어느 것이 더 해로운가? 지나치게 좋아하면 그만큼 낭비가 크고, 너무 많이 쌓아두면 그만큼 크게 잃는다. 만족할 줄 아는 사람은 수모를 당하지 않고, 그칠 줄 아는 사람은 위태로움을 당하지 않는다. 그리하여 오래도록 [곤란함에 처하지 않은 채] 살 수 있다. (『도덕경』제44장)

(名與身孰親? 身與貨孰多? 得與亡孰病? 是故甚愛必大費, 多藏必厚亡. 知足不辱, 知止不殆, 可以長久.)

명성과 내 몸 중 내 몸이 더 귀하다는 것은 명성이 불필요하다기보다는 명성에 너무 집착해 패가망신하는 일이 없도록 하라는 의미다. 실제 삶에서는 어느 정도의 돈과 명성 그리고 권력이 필요할 때가 있다. 그렇지만 이 모든 것을 갖기 위해 애쓰다보면 그 어느 것도 제대로 갖지 못하는 경우가 생길 수 있고, 이것에만 집착하다보면 친구도 가족도 건강도 다 잃어버릴 수도 있다.

요 임금이 허유라는 사람에게 천하를 물려주려 하자 허유는 다음과 같이 말했다.

"그대는 이미 천하를 잘 다스리고 있소. 그런데 내가 자네 자리를 대신한다면 나는 그저 이름이나 얻자는 꼴이 되겠지요. 이름이라는 것은 실질의 껍데기에 지나지 않습니다. 나더러 그런 껍데기가 되라는 것인가요? 깊은 숲에 둥지를 트는 뱁새에게 필요한 것은 나뭇가지 하나에 불과하고, 강물을 마시는 두더지에게 필요한 물은 배를 채우는 정도에 불과합니다. 그러니, 당신도 돌아가 쉬십시오. 나에게 천하는 아무 쓸모가 없습니다."(『장자』「소요유」)

("子治天下, 天下旣已治也. 而我猶代子, 吾將爲名乎? 名者, 實之賓也, 吾將爲實乎? 鷦鷯巢於深林, 不過一枝. 偃鼠飮河, 不過滿腹. 歸休乎君, 予无所用天下爲!")

허유가 요 임금에게 자신에게 천하는 쓸모없는 것이라 말한 이유는 그것을 원하지 않기 때문이기도 하지만 그것이 필요하지 않기 때문이다. '평안 감사도 저 싫으면 그만'이라 했다. 나에게 필요하지 않은 것을 준다면 그 누가 그것을 기꺼이 받아들이겠는가? '부질없다' '덧없다'는 말은 바로 이러한 경우를 가리킨다.

인도까지 원정을 펼치며 거대 제국을 건설한 고대 그리스의 알렉산드로스 대왕이 디오게네스라는 현자를 찾아왔을 때의 일이다. 그때 디오게네스는 발가벗은 채 통 속에 들어가 앉아 있었다. 이를 기이하게 여긴 알렉산드로스 대왕은 그에게 무엇이 필요하냐며 물었다. 거대 제국의 황제였으니 돈이든 명예든 권력이든 무엇이든 줄 수 있었던 알렉산드로스 대왕으로서는 어쩌면 당연한 물음이었을지 모른다. 그러자 디오게네스가 알렉산드로스 대왕을 빤히 쳐다보며 대답했다. "옆으로 좀 비켜서주시오. 당신이 햇살을 가리고 있잖소."

훗날 알렉산드로스는 자신이 알렉산드로스 대왕이 아니었더라면 통 속에 사는 디오게네스가 되기를 바랐을 것이라고 술회했다는 얘기가 전해진다. 두 사람은 같은 해, 두 손에 아무것도 들지 않은 채 세상과 이별했다. 아무리 많은 돈과 명예와 권력을 가졌다 하더라도 이것이 영원할 수 없다는 사실을 깨닫게 해주는 일화다. '빈손으로 왔다 빈손으로 간다'는 불교의 '공수래공수거空手來空手去'라는 말을 떠올리게 한다.

도가에서는 늘 마음을 가난하고 단순하게, 그리고 불필요
한 군더더기를 덜어낼 것을 요청한다. 『성경』에 "가난한 자
가 천국에 들어간다"는 말이 있듯 마음이 가난하다는 것은
욕망이 적다는 의미다. 바라는 것이 많지 않으므로 가진 것
에 만족하고, 가진 것에 만족하다보니 삶이 단순해질 수 있
다. 등산복이 있어야 등산할 수 있는 것은 아니고, 조깅화가
있어야 달릴 수 있는 것은 아니다.

열자는 바람을 타고 다녔으니 가뿐하고 보기 좋았다. 한번
떠나면 보름이 지난 뒤에나 돌아오곤 했다. ……하지만 걷지
않고 순풍을 타고 날아오른다 해도 여전히 의존하는 것[바람]
이 남아 있다. 천지의 순수함을 타고 육기六氣(세상에 존재하는
여섯 가지 기운)의 변화를 몰아 끝없는 곳에서 소요逍遙할 수 있
다면 그런 자가 다른 무엇에 의존하겠는가? 그러므로 지인至人
은 자기가 사라지고, 신인神人은 공적이 사라지며, 성인聖人은
명성이 사라진다. (『장자』「소요유」)

(夫列子御風而行, 冷然善也. 旬有五日而後反. ……此雖免乎行, 猶
有所待者也. 若夫乘天地之正, 而御六氣之辯, 以遊无窮者, 彼且惡乎待
哉! 故曰, 至人无己, 神人无功, 聖人无名.)

장자가 보기에 열자는 바람을 타고 어디든 날아다닐 수 있으나 '바람' 없이는 날아다닐 수 없으니, 바람에 의존하고 있었다. 명성도 공적도 자기도 모두 사라진 상태, 다시 말해 돈에도 명예에도 권력에도 아무런 욕심이 없는 사람이라면 대체 누가 이 사람을 건드릴 수 있겠는가. 지인이든 신인이든 성인이든, 이들 모두는 장자가 생각하는 도인이다. 이런 사람들처럼 그 어느 것에도 의존하지 않고 자기 마음대로 살아도 걸릴 것이 하나도 없는 자기 주체적 삶이 장자가 말하는 대자유의 길이다.

『장자』첫 편의 제목이기도 한 '소요유逍遙遊'란 '거닐다' '노닐다'의 의미를 담고 있다. 거닐고 노니는 것은 아무런 목적 없이 이루어지는 것이다. 무언가 목적을 지닌 사람이 거닐고 노는 것을 본 적이 있는가? 거닐고 노니는 것 자체가 아무런 마음도 아무런 의식도 없이 발길 닿는 대로, 흘러가는 대로 움직이는 것을 묘사하는 말이다. 삶을 얽매는 속박으로부터 벗어나 자유롭게 노닐며 산책을 하듯 살아가는 것이 도가에서 말하는 이상적인 삶이다.

나의 한계를 넘어

새는 알에서 나오려고 투쟁한다. 알은 세계다. 태어나려는
자는 하나의 세계를 깨뜨려야 한다. 새는 신에게로 날아간다.
신의 이름은 압락사스.

헤르만 헤세의 소설 『데미안』의 유명한 구절 중 하나다.
새롭게 태어나려고 하는 사람은 자신의 알을 깨고 나와야
한다는 이 말은 제2차 세계대전을 겪은 후 그 충격으로 방황
하고 있던 유럽의 젊은이들에게 큰 울림을 선사했다. 여기에
등장하는 '압락사스Abraxas'는 신과 악마의 속성을 함께 가
진 신으로, 삶과 죽음, 참과 거짓, 선과 악, 빛과 어둠의 양극
적인 것들을 포괄하는 존재다. 당시의 유럽 젊은이들은 『데
미안』을 통해 모든 것이 파괴되었던 폐허의 현장에서도 꽃
이 피어날 수 있다는 희망을 품을 수 있었다.
압락사스라는 신에게로 향하기 위해서 새는 스스로 자신
의 껍데기를 깨고 나와야만 한다. 그래야 변화가 시작될 수
있다. 장자 또한 이러한 인간과 삶의 변화에 주목한 사람 중
하나다.

북쪽의 컴컴한 바다에는 곤이라 부르는 물고기가 있는데, 그

크기가 몇천 리인지 알 수 없다. 이것이 변하여 새가 되는데, 이를 붕이라 부른다. 그 등의 길이만도 몇천 리인지 알 수 없다. 이 붕이 힘껏 날면 그 날개가 마치 하늘 가득 드리운 구름과 같다. 바다가 요동칠 때 붕은 컴컴한 남쪽 바다로 옮겨간다. 이 바다는 곧 하늘의 연못이다.

　　이상한 이야기들을 기록한 『제해』라는 책에는 이런 말이 있다. "붕이 남쪽의 컴컴한 바다로 옮겨갈 때 파도가 삼천 리 밖까지 솟구친다. 그 새는 회오리바람을 타고 구만 리 상공까지 올라가고, 여섯 달에 한 번 쉰다."(『장자』「소요유」)

　　(北冥有魚, 其名爲鯤. 鯤之大, 不知其幾千里也. 化而爲鳥, 其名爲鵬. 鵬之背, 不知其幾千里也. 怒而飛, 其翼若垂天之雲. 是鳥也, 海運則將徙於南冥. 南冥者, 天池也. 齊諧者, 志怪者也. 諧之言曰, "鵬之徙於南冥也, 水擊三千里, 摶扶搖而上者九萬里. 去以六月息者也.")

몇천 리인지 알 수 없는 크기의 물고기인 '곤鯤'이 있고, 등의 길이만도 몇천 리인지 모르는 '붕鵬'이 있다니, 이 얼마나 놀랄 일인가. 또한 붕의 날개는 하늘을 가리고 붕이 날아오를 땐 물보라가 삼천 리가 일고, 날아오르면 구만 리 상공까지 올라가다니, 도대체 어디에서부터 어디까지 믿어야 할지 모를 일이다. 실제 존재할 수도 있고 아니면 완전한 허풍일 수도 있다. 대체 장자는 왜 이런 이야기를 했을까?

새가 알을 깨고 나오듯 그 누구나 자신이 간직한 잠재력을 드러낼 수 있다면, 그 가능성을 실현해 그 자신도 예측하지 못한 새로운 존재로 태어날 수 있다. 곤이 붕이 될 수 있는 것은 곤충이 우화羽化하듯 자기를 둘러싸고 있는 허물을 벗어 던졌기 때문이다. 이는 하나의 은유다. 붕은 가능성을 실현한 사람이다. 도저히 깨질 것 같지 않은 실존의 한계를 극복한 사람이 곧 붕이 되어 비상할 수 있다. 무엇보다, 날개를 펴고 하늘을 나는 것은 초자연적인 힘에 기댄 것이 아니라 자신의 힘으로 이루어낸 것이므로 더욱 의미심장하다.

가을비가 때맞춰 내려 작은 물줄기들이 황하로 흘러내리자 이를 본 하백이 세상에 뛰어난 모든 것을 자기가 가졌다며 기뻐했다. 이렇게 물의 흐름을 따라 동쪽으로 가다보니 그 끝을 알 수 없는 바다를 만나자 하백은 자기의 생각이 얼마나 좁았는지를 깨닫고 북해약에게 이에 대해 푸념을 늘어놓았다. 이 모습을 본 북해약이 다음과 같이 말했다.

우물 안 개구리에게는 바다에 대해 설명해줄 수 없다. 그것은 자신이 살고 있는 공간에 갇혀 있기 때문이다. 여름벌레에게는 얼음에 대해 말해줄 수 없다. 그것은 자신이 살고 있는 시간만 고집하기 때문이다. 한 가지 분야에만 정통한 사람에게는 도에 대해 말할 수 없다. 그는 자신이 배운 것에만 묶여 있기 때문이다. 지금 그대는 강둑을 빠져나와 거대한 바다를 보고 나서 마침내 그대 자신이 보잘것없다는 것을 깨달았으니, 이제 그대와 함께 대도에 대해 이야기할 수 있겠구나. (『장자』「추수」)

(井䲷不可以語於海者, 拘於虛也. 夏蟲不可以語於氷者, 篤於時也. 曲士不可以語於道者, 束於敎也. 今爾出於崖涘, 觀於大海, 乃知爾醜, 爾將可與語大理矣.)

바다를 한 번도 보지 않은 하백에게 아무리 바다에 대해 설명해준다 한들, 하백이 바다에 대해 알 리가 없다. 바다를 보고 나서야 하백은 바다에 대해 알 수 있었고, 자신이 다 가졌다고 믿었던 것들이 얼마나 어리석은 생각이었는지를 알 수 있었다. 계속해서 북해약은 하늘과 땅이 제아무리 크다 한들 우주에서 바라보면 한낱 털끝만 하게 보이고, 털끝이 아무리 작다 해도 그것을 더욱 잘게 나누어보면 그 끝을 알 수가 없는 것이 세상의 이치임을 알려준다. 자기가 알고 있는 세상이 말 그대로 '세상 전부'는 아니다.

곤이 붕이 된 것도, 붕이 구만 리 하늘을 날아가는 것도 모두 자기 안의 경계를 넘어서는 일이다. 자기의 한계가 '한계' 가 아니라는 믿음, 자기 밖의 경계가 '경계'가 아니라는 믿음을 가진 사람만이 새로운 자아와 마주할 수 있다. 장자는 자기 존재의 변화가 특정 사람에게만 가능하다고 보지 않았다.

이러한 장자의 사상은 자신이 없어 웅크리거나 피하기만 하는 이들에게 하나의 희망의 메시지로 다가올 수 있다.

사고로 불구가 되어 평생을 누워 있어야 했던 화가 프리다 칼로는 그 누구보다도 불행한 상황에 처해 있었다. 그럼에도 프리다 칼로는 결코 포기하지 않았다. 최소한 그녀는 자신의 그림 속에서 그 어떤 누구보다도 무한한 자유를 누리지 않았을까? 그럼에도 노력하지 않는다면 이런 변화는 남의 일에 불과하다. 더 나은 삶은 프리다 칼로처럼 내 존재와 내 인식의 한계를 뛰어넘기 위해 끝없이 노력하는 사람에게만 주어지는 선물이다.

제4장 살맛 나는 세상은 언제쯤

　도가의 사상은 대체로 세속적인 삶과는 거리가 멀기에 도가의 사람들은 은둔 위주의 삶을 사는 것처럼 묘사될 때가 있다. 현실의 정치에 대한 불만과 불신 가득한 도가의 태도와 함께 실제로 이런 삶의 방식을 실천하며 살아가는 사람들이 있었기 때문이다.

　그렇지만 도가의 사람들은 정치와 등을 진 것은 아니고, 현실에서 완전히 벗어나 살려고 한 것도 아니었다. 이들 역시 살맛 나는 세상을 바랐고 이를 실현하기 위해 노력했다.

No War! 전쟁에 반대하다

노자와 장자가 살아가던 춘추전국시대는 여러 제후국이
패권을 차지하기 위해 왕좌의 게임을 벌이는 시기였다. 전
쟁을 치르기 위해서 세금을 거두고 국방의 의무를 부과해야
했기에 백성들의 삶은 매우 피폐해졌다. 당시의 제후들은 가
혹한 수탈을 통해 자신들의 배를 불리는 데에만 온통 관심
이 쏠려 있었기 때문에 백성들을 혹사하고도 아무런 죄책감
을 느끼지 못했다. 무엇보다 전쟁이 자주 벌어지면 사람들은
생명에 대한 경외심을 잃어버리고 양심과 도덕을 버리는 경
우가 많아진다.

이러한 시대의 절망을 통감한 노자는 전쟁에 반대하는
'부쟁不爭'을 내세웠다. 부국강병을 외치던 당시에 이러한 주
장은 매우 주목할 만한 것이었다.

노자는 전쟁을 즐기는 것은 잘못된 일이라며 사람이 죽고
다치는 일을 슬프게 바라보았다. 많은 사람을 살상했다면 전
쟁에서 승리하더라도 이를 불미스럽게 여기고 찬미해서는
안 된다고 말했다.

무기는 상스럽지 못한 물건으로 군자가 쓸 것이 못 된다.
어쩔 수 없이 사용해야 하더라도 초연하고 담담하게 여기는

것이 최선이다. 승리하더라도 이를 불미스럽게 여겨야 한다.
이를 찬미하는 것은 살인을 즐거워하는 것이다. 살인을 즐거
워하는 사람은 결코 세상에서 큰 뜻을 펼칠 수 없다. (『도덕경』
제31장)

　(兵者, 不祥之器, 非君子之器. 不得已而用之, 恬淡爲上. 勝而不美,
而美之者, 是樂殺人. 夫樂殺人者, 則不可得志於天下矣.)

　그렇지만 현실에서는 전쟁에서 이기기 위해 사람을 죽이
는 일이 서슴없이 벌어지고 있다. 또한 그렇게 이긴 전쟁에
서 승리한 것을 축하하는 일까지 벌어지고 있다.

　또 누군가는 돈을 위해 무기를 만들어 팔고 누군가는 자
신의 이익과 안전을 위해 그 무기들을 구매해 전투를 벌인
다. 한쪽에선 올림픽이 열려 평화의 제전을 얘기하면서 다른
한쪽에서는 미사일이 날아드는 모순이 아무렇지 않게 발생
한다.

　장자는 전쟁의 무의미함에 대해 '달팽이 뿔 위의 싸움'이
라는 뜻의 '와우각상쟁蝸牛角上爭'이라는 이야기를 들려준다.

　"달팽이의 왼쪽 뿔에 있는 나라를 촉씨라고 부르고, 달팽이
　의 오른쪽 뿔에 있는 나라를 만씨라고 부릅니다. 이들이 서로
　땅을 빼앗기 위해 수시로 전쟁을 벌였는데 시체가 수만이었고,

도망친 군사를 추격했다가 15일 만에야 돌아왔습니다."

혜왕이 말했다. "에이, 거짓말이군."

"제가 전하께 실증해 보이겠습니다. 전하는 사방과 위아래의 공간이 끝이 있다고 생각하십니까?"

혜왕이 대답했다. "끝이 없지."

"정신을 시공간의 무한함 속에 풀어놓으시고 이 유한한 땅에 돌아오게 한다면 이런 나라들은 있을까 말까 할 것입니다."
(『장자』「즉양」)

("有國於蝸之左角者曰觸氏, 有國於蝸之右角者曰蠻氏. 時相與爭地而戰, 伏尸數萬, 逐北旬有五日而後反." 君曰, "噫! 其虛言與?" 曰, "臣請爲君實之. 君以意在四方上下有窮乎?" 君曰, "無窮." 曰, "知遊心於無窮, 而反在通達之國, 若存若亡乎?")

위魏나라의 혜왕惠王이 제齊나라의 위왕威王과 조약을 맺었는데 위왕이 이를 어겼다. 그러자 자객을 보내 위왕을 죽이려는 혜왕에게 한 신하가 나서, 이는 떳떳하지 못한 행동이니 정식으로 제나라를 치라 권했다. 이때 혜왕은 대진인에게 자문했다. 그러자 대진인은 이 싸움을 두고 '달팽이 뿔 위의 싸움'이라며 촌철살인과 같은 한마디를 남겼다. 달팽이 뿔 위에서 벌이는 싸움은 너무나 미미해 보여서 이것을 '싸움'이라고 말하기도 민망하다.

지구 밖으로 나가 지구 사람들을 보면 달팽이 뿔 위의 싸움이 어떤 것인지 실감할 수 있다. 좁디좁은 땅덩어리를 하나 더 차지하기 위해 아웅다웅하는 모습은 어떤 관점에서는 매우 어리석은 짓일 수도 있다.

인간의 다툼은 비단 전쟁에서만 이루어지는 것이 아니다. 누군가 마음에 들지 않는다는 이유로 따돌림을 하거나, 그저 세상이 싫다고 해서 살인을 저지르는 일들도 벌어진다. 단지 자신과 '다르다'는 이유로 이러한 갈등과 다툼이 벌어지고 있다.

대체 무엇을 위해 싸우는지 반문해보아야 한다. 국가를 위하든 민족을 위하든 종교를 위하든 전쟁은 큰 상처를 낳는다. 장자는 누군가를 죽이면서까지 얻어야 할 것이 무엇이고, 그것을 얻는다고 얼마나 만족스러울지를 묻고 있다. 폭력이 난무하는 세상에서는 그 누구도 평화를 얻을 수 없다. 깊은 참회와 반성이 필요한 시점이고, 타인의 불행에 함께 슬퍼하고 분노할 줄 아는 마음을 길러야 할 때다. 그리고 이것이 결국 전쟁을 멈추는 출발선이다.

겸손함의 미덕

가난한 이들을 위해 평생을 바친 테레사 수녀는 1979년 노벨 평화상 시상식에 갔을 때 평소대로 흰색 사리와 샌들 차림을 하고 있었다고 한다. 테레사 수녀의 상징이기도 했던 흰색 사리는 사실 수녀복이 아니라 가장 가난하고 미천한 인도 여인들이 입는 복장이다. 신의 부르심을 실천하기 위해 수녀원을 뛰쳐나온 그녀가 선택한 것은 인도라는 낯선 땅이었고, '불가촉천민'이라 부르는 사람대접도 받지 못하는 사람들이었다. 시상식 상금을 받아든 그녀가 한 말은 "이 돈으로 몇 개의 빵을 살 수 있을까요?"였다. 남을 위한 마음이 절로 느껴지는 대목이다.

이런 성자들이 일반 사람들과 다른 점은 돈도 권력도 탐하지 않는다는 것이다. 권력은 정치적 힘이고, 그 정치적 힘은 다른 많은 사람들을 굴복시킬 수 있게 한다. 돈 역시 하나의 권력이고 그 권력으로 자신의 욕망을 마음껏 실현할 수 있다.

노자는 이렇게 남을 굴복시키려 하는 권력에 대해 경계했다. 그것은 결국 타인을 상처 입히기 때문이다.

강과 바다가 모든 골짜기의 왕이 될 수 있는 까닭은 [스스로] 낮추기 때문이다. ……백성 위에 있고자 하면 스스로 말을 낮추어야 하고, 백성 앞에 서고자 하면 [스스로] 몸을 낮추어야 한다. 그러므로 성인은 위에 있어도 백성이 부담스럽게 느끼지 않고, 앞에 있어도 백성이 그를 해롭게 여기지 않는다. 그리하여 세상 모든 사람이 그를 즐겁게 받들고 싫어하지 않는다. 다투지 않기에 세상 아무도 그와 다투지 못한다. (『도덕경』 제66장)

(江海所以能爲百谷王者, 以其善下之. ……是以欲上民, 必以言下之, 欲先民, 必以身後之. 是以聖人處上而民不重, 處前而民不害, 是以天下樂推而不厭. 以其不爭, 故天下莫能與之爭.)

노자는 늘 자신을 낮추라 말한다. 통치자 역시 다르지 않다. 노자는 나서지 않고 잘난 척하지 않는 통치자라면 백성이 그 무거움을 느끼지 못하고, 앞에 있어도 백성이 그를 해롭게 여기지 않는다. 자신을 낮추는 겸허함이 있기에 세상 모든 사람이 그를 즐겁게 받들고 싫어하지 않을 수 있다. 그런 자세로 살아가는 통치자라면 그 누구와도 다투지 않을 것이고, 반대로 아무도 그와 다투려 하지 않을 것이다.

통치자의 으뜸 덕목은 겸허

장자 역시 서무귀라는 사람의 입을 빌려 비슷한 이야기를
들려준다.

하늘과 땅이 사물을 양육하는 것은 한 가지입니다. 높은 데
있다고 존귀하게 여기지 않고 낮은 데 있다고 비천하게 여기
지 않습니다. 전하는 홀로 만승대국의 주인으로서 온 나라의
백성을 괴롭혀 자신의 이목구비 등 육체의 욕망을 만족시키고
있을 뿐입니다. (『장자』 「서무귀」)

(天地之養也一, 登高不可以爲長, 居下不可以爲短. 吾獨爲萬乘之
主, 以苦一國之民, 以養耳目鼻口.)

어느 날 무후가 정치에 대해 묻자, 서무귀는 높은 데 있다
고 존귀하게 여기지 않고 낮은 데 있다고 비천하게 여기지
않아 모두가 존귀하다는 사실을 아는 통치자가 되라고 조언
한다.

자신의 욕심을 채워 백성을 고통스럽게 만드는 것은 잘못
된 일이라는 비판이었다. 변 사또를 응징하고 기생의 딸인
춘향을 살려 혼인을 하는 이야기인 『춘향전』이 아름답게 끝
나는 것 또한 이몽룡이 권력을 탐하지 않고 백성들 편에 섰

기 때문이다.

왕이 겸허하지 않다면 신하의 말을 들을 리 없고 백성을 업신여길 것이 분명하다. 그 순간 정치는 폭력으로 바뀌고 백성들은 압제에 시달릴 수밖에 없다. 인간에 대한 신뢰를 갖고 인간다운 정치가 실현되기 위해서는 정치가 스스로 신뢰할 만한 사람이 되어야 할 것이다. 노자나 장자나 통치자의 덕목으로 겸허함을 앞세우는 이유는 그것이 신뢰의 시작이기 때문이다.

노자가 세속의 권력을 비판하고 세속의 권력과 등을 지는 이유는 남들 위에 군림하려는 권력이 낳는 부정적인 결과를 자주 목격했기 때문이다.

나아가 노자는 이것이 국가 간의 관계에서도 마찬가지로 적용되어야 한다고 보았다. 힘의 논리에 좌지우지되는 국가 관계에서 이러한 겸허함을 내세운 것 자체가 너무나 이상적이다. 하지만 여기에서 그가 바라는 평화로운 세상에 대한 꿈을 읽을 수 있다.

그러므로 큰 나라는 작은 나라 아래로 자신을 낮추어 작은 나라를 얻을 수 있고, 작은 나라는 큰 나라를 향해 내려감으로써 큰 나라를 얻을 수 있다. 한쪽은 스스로 아래에 처하여 남을 얻고, 다른 한쪽은 스스로 내려가 남을 얻는다. 큰 나라는 단지 사람을 길러주는 것이고, 작은 나라는 단지 남을 섬기려 하는 것이다. 큰 나라와 작은 나라가 각자 자기들이 바라는 바를 얻으려면, 큰 나라가 먼저 자신을 낮추어야 한다. (『도덕경』 제61장)

(大國以下小國, 則取小國. 小國以下大國, 則取大國. 故或下以取, 或下而取. 大國不過欲兼畜人, 小國不過欲入事人. 夫兩者各得其所欲, 大者宜爲下.)

노자는 큰 나라든 작은 나라든 서로를 낮춤으로써 각자가 원하는 바를 얻을 수 있다고 한다. 어느 한쪽이 다른 한쪽을 집어삼키려 하거나 그 위에 군림하려는 순간 균형은 깨지고 다툼이 발생하기 때문이다. 내가 잘났다고 위에 서서 모두를 지배하려 하거나, 남을 굴복시키려 하는 것에서 만족을 느끼고 그 힘을 더 키우려 하는 것을 모든 혼란의 원인으로 보았다. 그는 다툼으로 빼앗기보다는 겸허함으로 서로를 품을 수 있기를 바랐다.

"자신을 낮추어 원하는 것을 얻는다."

이것이 노자가 생각하는 이상적인 삶의 방식이다.

차별 대신 포용으로

1960년대 말 미국에서 있었던 이야기다. 당시 미국에는
극심한 인종 차별이 이루어지고 있었던 때다. 흑인 차별 철
폐 운동이 미 전역을 휩쓸던 어느 날, 마틴 루서 킹은 멤피스
에서 백인 우월주의자들에게 살해당했다. 여기에 충격을 받
은 제인 엘리엇이라는 교사는 인종 차별의 심각성을 알리기
위해 '차별의 날'이라는 수업을 만들었다. 초등학교 3학년 아
이들을 대상으로 신체적 차이에 따른 차별을 경험하게 하는
실험이었다.

실험의 내용은 이러했다. 갈색 눈과 푸른 눈의 학생들을
두 집단으로 나누어 하루는 갈색 눈의 학생들에게, 또 하루
는 푸른 눈의 학생들에게 '우월하다'는 명목으로 특혜를 주
었다.

그 결과는 놀라웠다. '열등하다'는 딱지가 붙은 아이들은
정말로 열등한 학생들의 태도와 행동을 보였고, 성적도 형편
없었다. '우월한' 학생들은 성적이 뛰어났을 뿐 아니라 이전
까지 친구였던 아이들을 차별하는 데 즐거움을 느꼈다.

단순한 역할 놀이에 불과했던 이 교육적 실험은 차별이
얼마나 쉽고 비합리적으로 일어나는지를 극적으로 보여주
었다. 어떤 교육을 받느냐에 따라, 또 어떻게 바라보느냐에

따라 사람은 한순간에 악인이 되기도 하고 선인이 될 수도 있다.

'흑인은 백인보다 못한 존재이므로 차별할 수 있어'라는 믿음이 가져온 비극이 몇백 년간 지속되었다. 누구나 그렇게 생각했고 또 누구나 그렇게 행동했기 때문이다.

이런 차별에 대해 노자는 다음과 같이 비판했다.

"하늘과 땅은 편애하지 않는다. 모든 것을 짚으로 만든 개로 취급할 뿐이다. 성인 또한 편애하지 않는다. 백성을 모두 짚으로 만든 개로 취급할 뿐이다. (『도덕경』 제5장)

(天地不仁, 以萬物爲芻狗. 聖人不仁, 以百姓爲芻狗.)

고대 중국에서 제사 때 쓰기 위해 짚으로 만든 개를 '추구 芻狗'라 했다. 추구는 일회용으로, 제사를 지내고 나면 버린다. 그러므로 이것에 집착할 이유도 다른 무엇보다 소중하게 여길 이유도 없다.

우주와 자연의 입장에서 바라보면 인간은 그저 하나의 생물체에 불과할 뿐, 다른 생명이나 사물보다 인간이 더 가치 있어야 할 이유를 찾을 수 없다. 자연은 말 그대로 비정하다. 인간이 스스로 인간이 다른 생명체보다, 또 다른 사물보다 더 가치 있다고 여겨왔을 뿐이다.

사람 사이에서도 마찬가지다. 돈·외모·권력·피부색·종교 등 인간에게는 내가 다른 사람보다 더 가치 있다고 여기는 기준이 수없이 많다.

그렇지만 과연 이것이 내가 더 가치 있다고 여길 만한 근거가 될지 따져보아야 한다. 내가 돈이 많다고 돈이 없는 사람을 무시해도 될까? 내가 믿는 종교가 다른 종교보다 더 우위에 있다고 믿어도 될까? 내가 권력을 가졌다고 해서 다른 사람을 함부로 대해도 괜찮을까? 이런 점에서 만물을 평등한 존재로 바라보는 노자의 사상은 오늘날에도 시사하는 바가 크다.

장자 역시 다르지 않았다.

동곽자가 장자에게 물었다. "도라는 것이 어디에 있습니까?"

장자가 대답했다. "없는 곳이 없지요."

동곽자가 말했다. "예를 들어 말씀해주시지요."

장자가 대답했다. "땅강아지나 개미에게 있습니다."

"어찌 그리 하찮은 것을 예로 드십니까?"

"돌에도 있습니다."

"어찌 갈수록 심한 예를 드십니까?"

"똥이나 오줌에도 있지요."

동곽자가 대꾸를 하지 않자 장자가 말했다. "선생의 질문은

본디 질이 떨어집니다. 정확이 시장 감독관에게 돼지와 신발의 가격에 대해 물었던 일에도 미치지 못합니다. 보다 하찮은 물건일수록 물가를 보다 더 정확하게 반영하고 있지요. 선생은 굳이 특정한 사물에 집착하지 말아야 합니다. 어떤 사물도 도에서 벗어날 수 없기 때문이죠. 진정한 도는 이와 같고 최고의 말도 이와 같습니다."(『장자』「지북유」)

(東郭子問於莊子曰, "所謂道, 惡乎在?" 莊子曰, "無所不在." 東郭子曰, "期而後可." 莊子曰, "在螻蟻." 曰, "何其下邪?" 曰, "在稊稗." 曰, "何其愈下邪?" 曰, "在瓦甓." 曰, "何其愈甚邪?" 曰, "在屎溺." 東郭子不應. 莊子曰, "夫子之問也, 固不及質. 正獲之問於監市履狶也, 每下愈況. 汝唯莫必, 无乎逃物. 至道若是, 大言亦然.)

동곽자는 장자를 비꼬기 위해 도가 대체 어디에 있느냐고 묻고 있다. 다시 말해, 장자가 말하는 도가 있기는 한 것인지, 그리고 그 도를 따르는 것이 무슨 의미냐고 묻고 있는 것이다. 이에 장자는 똥이나 오줌이라는 인간이 가장 하찮게 여기는 것들에도 도가 있다며 동곽자의 생각을 우회적으로 비판했다. 이는 똥에도 도가 숨어 있으니 이를 찾아보라는 의미라기보다는, 인간이 하찮고 존귀하다고 여기는 '가치'가 절대적일 수 없고 상대적이라는 의미다.

나아가, 모든 사물이 도에서 비롯된 것이므로 도의 입장에서 본다면 각각의 사물에 차별을 둘 수 없다는 의미이기도 하다.

차별은 차별을 만들려고 하는 사람들의 잘못된 생각에서 비롯된다. 거인국에서 소인이 이상한 존재로 차별받듯, 소인국에서 거인은 이상한 존재로 차별받을 수 있다. '차이'가 '차별'을 정당화할 수 없다는 사실은 누구나 알고 있다. 다만 차이를 차별의 이유로 인정하는 순간 인간 사회의 갈등이 시작될 뿐이다.

인간 세상에서는 자신과 좀 다르다고 해서 편을 가르고 적을 만들어 미워하고 경멸하는 일들이 흔하게 벌어진다. 당신이 나의 마음에 들지 않을 수 있는 것처럼 상대 역시 나의 어떤 부분이 마음에 들지 않을 수 있다. 그럼에도 서로 다름을 인정하는 것이 곧 다양성이다.

그리고 그것은 곧 서로를 평등하게 바라보는 일이다. 서로 다른 입장을 지지해주고 서로 다르기 때문에 다른 것을 인정할 수 있는 포용력은 정치에서뿐만 아니라 일상생활에서도 중요한 덕목이다.

자기의 덕을 의식하지 않기

"살고자 하면 죽을 것이고, 죽고자 하면 살 것이다."

『난중일기』에 나오는 이순신 장군의 말이다. 죽음을 각오하고 침략자인 일본을 무찌르는 것에 최선을 다한 이순신의 삶은 도가에서 말하는 도와 덕을 따르는 삶과 닮았다. 12척에 불과한 배로 이길 수 있었던 데는 이순신의 기막힌 전략과 그를 따랐던 수많은 사람의 희생도 중요했지만, 문제를 회피하거나 도망갈 구멍을 염두에 두지 않고 기필코 승리하겠다는 굳은 각오와 결심이 있었기 때문이다.

더군다나 나라를 구한 이순신은 나라를 구했다고 그것을 자기의 공으로 돌리거나 떠벌리고 다니지 않았다. 오히려 이순신이 임금의 사랑을 독차지할까 두려워한 수많은 간신배들이 앞장서서 이순신을 모함하고 서로 공을 차지하려고 다툰 적이 많았다. 이순신뿐만 아니라 과거의 위인들을 떠올려보면 대체로 훌륭했던 사람들은 자기를 드러내거나 자기가 하는 일을 의식하지 않는 경우가 많았다.

이처럼 훌륭한 사람이 "나 잘났다"라고 말하지 않는 것처럼, 묵묵히 자신의 길을 가는 사람을 노자는 가장 훌륭한 덕을 갖춘 사람으로 평가하고 있다.

훌륭한 덕을 갖춘 사람은 자기의 덕을 의식하지 않기에 그는 정말로 덕이 있는 사람이다. 이에 반해, 하찮은 덕을 갖춘 사람은 자기의 덕을 의식하기에 그는 정말로 덕이 없는 사람이다. 훌륭한 덕을 갖춘 사람은 억지로 한 것이 없기에 억지로 내세울 것도 없다. 이에 반해, 훌륭하지 않은 덕을 갖춘 사람은 억지로 한 것이기에 억지로 내세워야 한다.

훌륭한 인자함을 갖춘 사람은 인자한 일을 하더라도 일부러 인자하게 보일 까닭이 없고, 훌륭한 외로움을 갖춘 사람은 의로운 일을 하더라도 일부러 의롭게 보일 까닭이 없다. 훌륭한 예의를 갖춘 사람은 예의 있는 행동을 하면서도 일부러 예의 있게 보이려 하지 않는 데 비해, 그렇지 않은 사람들은 아무도 응해주지 않으면 일부러 소매를 걷고 나선다.

그러므로 도가 사라져야 덕을 내세우고, 덕이 사라져야 인자함을 내세우며, 인이 사라져야 의로움를 내세우고, 의로움이 사라져야 예의를 내세운다. 예의를 내세우는 것은 충성과 신의가 얄팍해졌다는 신호로, 혼란이 시작될 징조다. 앞서려는 것은 도의 꾸밈에 불과하여 어리석음의 시작이 될 것이다.

이에 대장부는 후덕하여 얄팍하게 행동하지 않는다. 그리고 내실을 다질 뿐 겉치레에 관심이 없다. 앞엣것을 취하고 뒤엣것을 버린다. (『도덕경』 제38장)

(上德不德, 是以有德. 下德不失德, 是以無德. 上德無爲而無以爲,

下德爲之而有以爲. 上人爲之而有以爲, 上義爲之而有以爲. 上禮爲之
而莫之應, 則攘臂而扔之. 故失道而後德, 失德而後仁, 失仁而後義, 失
義而後禮. 夫禮者, 忠信之薄, 而亂之首. 前識者, 道之華, 而愚之始. 是
以大丈夫處其厚, 不居其薄. 處其實, 不居其華. 故去彼取此.)

　노자는 훌륭한 덕을 가진 사람은 자기의 덕을 의식하지
않는 사람이라고 평하고 있다. 의식하지 않기에 보상을 바라
지 않고, 의식하지 않기에 상대방도 부담스럽지 않다. 무엇
보다 의식하지 않기에 모든 것이 자연스럽고, 의식하지 않기
에 모든 것이 저절로 이루어진다. 억지스러움이 없고 꾸밈이
없으니 언제나 진실하고 모든 이의 신뢰를 받을 수 있다. 해
야 해서 하거나 마지못해서 하는 것이 아니라 진심을 다해,
또는 마음에 따라 자연스럽게 행하는 것이 노자가 생각하는
도와 덕에 따르는 행동이다.

　한편, 노자는 자기를 비우는 것이 곧 자기의 완성이라고
보았다. 자신을 위해 살고자 하는 마음은 곧 자기 욕망이자
이기심이다. 노자는 자기를 비우는 그 지점에서 타인을 위한
마음이 생겨난다고 보았다. 한 나라의 군주는 바로 이런 사
람이어야 한다.

　　하늘과 땅이 오래도록 존재했다. 하늘과 땅이 오래도록 존재

하는 까닭은 자신을 위해 살지 않기 때문이다. 그러기에 참된 삶을 살 수 있다. 성인도 마찬가지다. 자기를 앞세우지 않기에 앞서게 되고 자기를 버리기에 자기를 보존할 수 있다. 나를 비우는 것이 진정 나를 완성하는 것 아니겠는가. (『도덕경』 제7장)

(天長地久. 天地所以能長且久者, 以其不自生, 故能長生. 是以聖人後其身而身先, 外其身而身存. 非以其無私邪, 故能成其私.)

하늘과 땅이 만물을 생겨나게 하듯 하늘과 땅은 자신을 위해 살지 않는다. 그러기에 참된 삶을 살 수 있다. 노자는 자신을 위해 살고자 하는 마음 또는 자기를 꾸미는 마음을 버리는 것에서 이상적인 삶이 시작된다고 보았다. 나아가 자신만을 위한 삶이 아닌 타인을 위해서도 자신을 희생할 줄 알아야 한다고 주문한다. 더욱이 군주라면 그 무엇도 바라지 않고 백성을 위해 헌신할 수 있어야 한다.

귀한 것은 천한 것을 근본으로 삼고, 높은 것은 낮은 것을 바탕으로 한다. 이런 까닭에 후세의 왕은 스스로 '모자란 사람 [孤]' '부족한 사람[寡]' '선하지 않은 사람[不穀]'이라 칭한다. 이것이 바로 천한 것을 근본으로 삼는 것 아니겠는가. (『도덕경』 제39장)

(故貴以賤爲本, 高以下爲基. 是以後王自謂孤·寡·不穀. 此非以賤爲本邪, 非乎!)

군주가 자신을 지칭하는 말들인 '모자란 사람' '부족한 사람' '선하지 않은 사람'은 모두 자신을 낮추는 겸허함의 표현이다. 노자는 왕과 제후일수록 자신을 낮출 수 있어야 한다고 말한다. 조선 시대에 임금이 자신을 '과인寡人'이라 한 것도 바로 자신이 '모자란 사람'이라는 뜻이다. 이 말엔 자신을 낮추고 널리 백성들의 소리에 귀 기울이겠다는 뜻이 담겨 있다. 이것이 '귀한 것은 천한 것을 근본으로 삼고, 높은 것은 낮은 것을 바탕으로 한다'는 말의 의미다.

나아가 노자는 군주라면 세상 모든 사람을 모두 잘살게 만들더라도 그것에 관여하려들지 않고, 무언가를 이루더라도 그것에 안주하지 않으며, 업적을 쌓아도 이를 자기 자랑으로 삼지 않는다고 보았다. 자기의 공을 주장하지 않는 것을 넘어 그 공을 모든 백성에게 돌리는 것이 올바른 정치인의 자세임을 주장했다. 비록 모든 걸 다 갖고 자기 마음대로 할 수 있는 권력이 있더라도 자기 마음대로 하지 않고 언제나 백성을 아끼는 군주라면, 백성 역시 그의 말을 저절로 따를 것이다.

가장 훌륭한 지도자는 사람들이 그가 있는지 없는지도 모르는 지도자다. 그다음은 사람들이 가까이하고 기리는 지도자다. 그다음은 사람들이 두려워하는 지도자다. 가장 좋지 못한 것은 사람들의 업신여김을 받는 지도자다. 신의가 모자라면 불신이 따르기 마련이다. 훌륭한 지도자는 말을 삼가고 아낀다. 훌륭한 지도자가 자기 할 일을 다 하고 모든 것이 잘 이루어지면 사람들은 말한다. "이 모든 것은 저절로 이루어진 것이다"라고.

(『도덕경』 제17장)

(太上下知有之, 其次親而譽之, 其次畏之, 其次侮之. 信不足焉, 有不信焉. 悠兮其貴言. 功成事遂, 百姓皆謂, "我自然.")

작지만 정답게

앞에서도 보았듯 국가 간의 전쟁을 자주 목격한 노자는 전쟁이 사라진 세상을 꿈꾸었다. 노자는 이러한 전쟁을 방지하기 위한 가장 좋은 것은 서로의 존재를 모르는 것이 최선이라 보았다. 또한 노자가 생각하는 이상 국가는 문명의 이기를 사용하지 않고 사람들이 순박하기 이를 데 없는 원시사회에 가깝다. 이렇게 노자의 사상은 문명의 발전보다는 그 반대의 방향을 선호하는 '반反문명적' 특징을 갖고 있다.

노자의 이상향은 스스로 다스리며, 자발적으로 살아갈 수 있는 평화로운 세상이다.

나라는 작고 인구는 적어야 이상적이다. 열 가지 백 가지 기계가 있으나 사용하지 않는 것이 좋다. 백성의 죽음을 중히 여겨 멀리 이사 가는 일이 없도록 해야 한다. 비록 배와 수레가 있어도 타는 일이 없고, 갑옷과 무기가 있어도 이것으로 진을 칠 일이 없어야 한다.

사람들이 다시 새끼를 꼬아 쓰고, [소박한] 음식이라 하더라도 맛나게 여기고, [수수한] 옷차림도 아름답게 여기며, [누추한] 거처라도 편안하게 여기도록 하며, 각자의 풍속을 즐기도록 해야 한다.

이웃 나라가 서로 바라보이고, 닭 우는 소리 개 짖는 소리가

서로 들리더라도, 늙어 죽을 때까지 사람들이 서로 왕래하는
일이 없어야 한다. (『도덕경』 제80장)

　(小國寡民. 使有什佰之器而不用, 使民重死而不遠徙. 雖有舟輿, 無
所乘之, 雖有甲兵, 無所陳之. 使人復結繩而用之, 甘其食, 美其服, 安其
居, 樂其俗. 隣國相望, 鷄犬之聲相聞, 民至老死不相往來.)

　노자가 생각하는 이상적인 국가는 오늘날로 따지면 옹기
종기 모여 오순도순 살아가는 작은 마을 단위의 지역 공동
체다. 자급자족이 가능해 열심히 살면 먹고살 만하고, 다른
마을을 방문할 일도 크게 없으며, 탐낼 만한 물건도 없어 그
걸 갖고자 쟁탈전이 벌어지지 않는다. 게다가 사람들은 순박
해 서로 헐뜯거나 자기만의 이익을 위해 살아가지 않으며,
서로 나누고 서로 도와주기까지 한다.

　나라가 커져 교역이 늘고 그만큼 물자가 풍부해지면 돈이
돌고 새로운 문명의 이기들이 들어온다. 그러면 사람들은 이
를 갖기 위해 애를 쓸 테고 사람들의 마음도 간사해질 수 있
다. 게다가 '관계'보다 '이익'이 더 중요해져 사람들 사이에
인간적 신뢰가 떨어질 수 있다. 또한 사회 구조가 복잡해지
면 갖가지 불평등과 불공정한 일들도 발생할 수 있다. 만일
노자와 같은 이상 사회라면 서로 넘볼 것이 없으므로 빼앗
을 마음도 생기지 않으니 전쟁이 일어날 일도 없다.

여기에서 보듯 노자는 무언가 새로운 것이 생겨나고 그
것을 이용하는 것이 반드시 좋은 일은 아니라고 보았다. 오
히려 오래전부터 살아오던 방식을 그대로 지키고 그들 나름
의 질서와 의지에 따라 살아갈 수 있게 하는 것이 평화와 안
정을 가져오는 가장 좋은 방식이다. 현대적인 시각으로 보면
매우 이상한 주장이 아닐 수 없지만 문명의 발전에 따른 폐
해를 생각해보면 노자의 생각이 틀렸다고 볼 수만은 없다.
 '주어진 대로' 살아가는 것을 가장 자연스럽고 이상적으
로 본 데에는 이러한 노자의 사회적 진단이 깔려 있다. 노자
는 당시 사회가 혼란스러워진 원인에 대해서도 다음과 같이
주장했다.

　대도가 폐하면 인仁과 의義를 강조하는 사람들이 나서고, 지
략이니 지모니 하는 것이 설치면서 엄청난 위선이 만연한다.
가족 관계가 조화롭지 못하면 효孝나 자慈를 강조하는 사람들
이 나서고, 나라가 어지러워지면 충신도 생겨난다. (『도덕경』 제
18장)
　(大道廢, 有仁義. 慧智出, 有大僞. 六親不和, 有孝慈. 國家昏亂, 有
忠臣.)

노자는 당시 사회가 대도가 폐해 인과 의, 효나 자 같은 덕

목들을 강조하는 사람들이 나타났다고 주장했다. 거꾸로 보면 이러한 덕목들을 강조하다보니 사람들의 마음이 혼탁해지고 사회의 혼란이 가중되었다고도 볼 수 있다. 일종의 사회적 위선이 가중된 것이다. 그래서 노자는 늘 '그대로 두라'고 강조한다. 때론 무언가 간섭하고 끼어들려는 데서 문제가 발생하거나 심각해지기 때문이다.

이에 노자는 가장 이상적인 삶과 정치의 방식으로 또한 '무위無爲'를 내세운다. 무위란 어떤 제도를 통해 억지로 통제하려 하거나 무리하게 간섭하고 개입하는 일들을 부정하고, 자율적이고 자발적으로 살아가는 통치술이나 가치관을 의미한다. '스스로 다스린다'라는 뜻의 '자치'란 바로 이러한 다스림을 가리킨다. 여기에 더해 각자 살아갈 수 있는 환경을 조성하는 것도 중요하다. 이렇게 개입하지 않고 간섭하지 않으며, 사람들이 최대한 자발적이고 자율적으로 살아갈 수 있는 세상이 바로 노자가 바라는 이상향이었다.

억지로 하려는 자는 실패하기 마련이고, 집착하는 자는 잃을 수밖에 없다. 성인은 무위로 하기에 실패하는 일이 없고, 집착하지 않기에 잃는 일이 없다. 사람이 일을 하면 언제나 거의 성공할 즈음에 실패하고 만다. 시작할 때처럼 마지막에도 신중을 기하면 실패하는 일이 없다.

그러므로 성인은 욕심을 없애려는 욕심만이 있고, 귀하다고 하는 것을 귀히 여기지 않으며, 배우지 않으려는 태도를 배우고, 많은 사람이 지나쳐버리는 것으로 되돌아간다. 만물이 본래 그러하게 살 수 있도록 도울 뿐 감히 무언가를 더하려 하지 않는다. (『도덕경』 제64장)

(爲者敗之, 執者失之. 是以聖人無爲故無敗, 無執故無失. 民之從事, 常於幾成而敗之. 愼終如始, 則無敗事. 是以聖人欲不欲, 不貴難得之貨. 學不學, 復衆人之所過. 以輔萬物之自然, 而不敢爲.)

제5장 미래를 맞이하는 인류의 자세

최근 4차 산업혁명이 사회 전 분야에서 큰 이슈로 떠오르고 있다. 생명공학의 발전으로 수명이 늘고 병이 줄어드는 한편, 새로운 기술로 편리하고 안전하며 윤택한 생활이 보장될 것이라는 장밋빛 전망을 기대할 수 있다.

이와 반대로 빈부 격차나 기후 변화와 같은 문제들로 지금보다 더 불행한 미래를 그리는 사람들도 있다. 무엇보다 로봇과 인공지능AI은 인간의 의미와 인간의 존재 이유 같은 철학적 문제들에도 새로운 고민을 안겨주고 있다.

이러한 인류의 미래와 관련해 도가에서 어떤 생각들을 발견할 수 있을까?

나누진 못해도 빼앗진 말아야

2011년 미국 뉴욕의 금융 중심지에서 벌어진 '월스트리트를 점령하라'라는 시위는 소득 격차가 그 어느 때보다 심해진 상황에 대한 사람들의 절규였다. '1퍼센트의 부자와 그 나머지'라는 뜻의 '1 : 99'라는 팻말을 든 사람들은 1퍼센트의 사람들이 전 세계 부의 대부분을 차지하는 사회 구조에 대해 문제를 제기했다. 사회 구조적으로 불평등이 개선되지 않는 한 불평등이 나아질 수 없다는 사람들의 깨달음이 이들을 거리로 나오게 했다.

대한민국의 현실 또한 이와 다르지 않다. 가난도 대물림하는 시대다. '가난은 불편할 뿐 부끄러운 일이 아니다'라는 말이 아무런 위로가 될 수 없는 사회를 살아가고 있다. 가난한 부모는 가난을 대물림해주고 싶지 않으나 대물림해야 하는 상황이고, 부자 부모를 둔 사람들은 가난하고 싶어도 가난할 수 없는 시대다. 이처럼 현대 사회에서 빈곤은 매우 중요한 문제가 되고 있다. 이는 경제의 문제라기보다는 사회 정의의 문제로 바라보아야 한다.

하늘의 도는 활을 당기는 것과 같다. 높은 쪽은 누르고 낮은 쪽은 올리며, 남으면 덜어주고 모자라면 보태준다. 하늘의 도는 남는 데서 덜어내어 모자라는 데에 보태지만, 사람의 도는 그렇지 않아 모자라는 데서 덜어내어 남는 데에 바친다. 남도록 가진 사람으로 세상을 위해 봉사할 수 있는 사람이 누구겠는가? 오직 도 있는 사람만이 그렇게 할 수 있다. (『도덕경』 제77장)

(天之道, 其猶張弓與. 高者抑之, 下者擧之, 有餘者損之, 不足者補之. 天之道, 損有餘而補不足. 人之道則不然, 損不足以奉有餘. 孰能有餘以奉天下? 唯有道者.)

노자는 자연에 빗대어 인간의 욕망에 대한 통찰을 제시했다. 모자란 건 알아도 넘치는 건 모르는 게 사람이다. 찻잔에 물을 따를 때 찻잔을 가득 채우지 않는 이유는 찻잔 위로 넘쳐흐를 수 있기 때문이다. 그렇지만 인간의 욕망은 끝이 없어, 넘쳐흘러도 그것을 그냥 내버려두기도 한다.

하지만 하늘의 도는 남으면 덜어주고 모자라면 보태주지만 사람의 도는 오히려 모자란 데에서 덜어내어 남는 데에 바친다.

노자는 오직 하늘의 도를 따르는 사람만이 이러한 욕망을 넘어 세상을 위해 보탬이 될 수 있다고 보았다. 노자는 오늘날의 사람들 역시 자신의 욕망을 조금씩 내려놓고 살기를 바랄 것이다. 노자에게는 인간의 많은 문제가 욕망으로부터 비롯된다고 보았다.

다섯 가지 색이 사람의 눈을 가리고, 다섯 가지 음이 사람의
귀를 멀게 하며, 다섯 가지 맛이 사람의 입을 상하게 한다. 말
타고 사냥하는 것이 사람의 마음을 미치게 한다. (『도덕경』 제
12장)

(五色令人目盲, 五音令人耳聾, 五味令人口爽, 馳騁畋獵令人心發狂.)

다섯 가지 색과 다섯 가지 음은 인간의 욕망을 채우는 수
단이라 볼 수 있다. 인간에겐 오감이 있고 그 오감을 통해 즐
거움을 추구한다. 노자는 눈과 귀와 입과 마음이 인간의 욕
망이 흘러드는 입구라고도 보았다. 맛난 걸 먹으면 더 맛난
걸 먹고 싶은 게 인간의 마음이고, 재미난 게임을 하면 할수
록 더 재미난 게임을 하고 싶은 게 인간의 마음이다.
조금 더, 조금 더, 조금 더…… 그러다 마음마저 미쳐버리
고 만다.
장자 역시 욕망에 대해 다음과 같이 경계했다.

부를 획득하려고 이득을 좇으므로 귀를 꽉 틀어막고 있듯,
욕심이 마음을 가득 채우고 있는데도 그것을 피할 줄 모르며,
탐욕이 왕성해져 있는데도 그만두지 않으니 이는 수치스러운

일이다. 이들은 재물이 쌓여 있어도 쓰지 않고 오로지 지키는 데에만 열중하고, 마음은 온통 불안과 초조로 가득 찼는데도 끝없이 더 많은 걸 추구하려고 하니, 근심스러운 일이다. (『장자』「도척」)

(爲欲富就利, 故滿若堵耳而不知避, 且馮而不舍, 可謂辱矣. 財積而无用, 服膺而不舍, 滿心戚醮, 求益而不止, 可謂憂矣.)

장자의 생각과 달리 자본주의 사회에서 사람들은 돈에 대한 수치심을 내려놓은 지 오래고, 자본주의는 인간의 욕망을 더욱더 끊임없이 자극하고 있다. 부에 대한 탐닉은 성공의 척도이고 가난은 못난 사람들의 한탄에 지나지 않는다. 필요한 것은 충분하지만 더 많은 것이 '필요'할 것이라며 현혹하는 것이 자본주의가 가진 생리다.

현대 사회와 구조는 달랐겠지만 노자나 장자가 살던 시대에도 사람들의 욕망은 똑같았을 것이다. 이에 노자는 욕심을 버리는 대신 만족할 것을 촉구한다.

지족할 줄 모르는 것보다 더 큰 재앙은 없고, 갖고자 하는 욕심보다 더 큰 허물은 없다. 그러므로 지족하여 얻는 만족감이 참된 만족이다. (『도덕경』제46장)

(禍莫大於不知足, 咎莫大於欲得. 故知足之足常足矣.)

만족할 줄 안다는 '지족知足'은 두 가지 의미로 이해해볼 수 있다.

하나는 '현 상황에 대한 만족'이고, 다른 하나는 '욕망의 제어'다. 현 상황에 대한 만족이라 하면 자기가 가진 것에 만족하고 행복하게 살라는 의미다. 욕망의 제어는 말 그대로 자신의 욕망을 조금씩 줄여나가는 것을 의미한다. 노자는 좀 더 소박하게, 좀 더 단순하게 사는 것이 인간에게 가장 유익한 일이라 보았다.

부의 축적을 자연스럽고 당연하게 여기는 세상에서 이런 상황을 바꾸기 위한 도가의 방법은 단순하다. 노자나 장자가 말한 것처럼 자신이 가진 것에 만족하고 남는 것을 덜어내 다른 사람에 나눠주거나, 아니면 각자 욕망을 줄여 불필요한 것을 가지지 않는 것이다. 물론 이것으로 현대 사회의 문제를 다 해결할 수 없지만, 이런 도가의 생각을 좇아 인류의 현재를 되돌아볼 계기를 마련할 수 있다.

진짜 나는 누구일까?

장자는 사물의 변화에 관해 많은 이야기를 한 사람이다. 그중에서도 가장 독특하고 커다란 영감을 던지는 것 중 하

명나라의 화가 육치(陸治)가 그린 「몽접(夢蝶)」.

나가 장자 자신이 꿈에 나비가 되어 날아다녔다는 '호접몽胡
蝶夢'이다.

    언젠가 장자는 꿈에 나비가 되었다. 장자는 매우 즐겁게 제
마음대로 날아다녔기 때문에 자신이 장자인 줄도 몰랐다. 그러
다 갑작스레 깨어나보니 틀림없는 장자였다. 장자는 자신이 꿈

에 나비가 되었던 것인지, 나비가 꿈에 장자가 된 것인지 알 수
없었다. 장자와 나비는 분명히 구분할 수 있으나 [결코 절대적
일 수는 없다.] 이를 '물화'라 한다. (『장자』「제물론」)

(昔者莊周夢爲胡蝶. 栩栩然胡蝶也, 自喩適志與! 不知周也. 俄然
覺, 則蘧蘧然周也. 不知周之夢爲胡蝶, 胡蝶之夢爲周與? 周與胡蝶,
則必有分矣. 此之謂物化.)

꿈속에서 장자는 자신이 나비인지 나비가 자기인지도 모
른 채 완전히 자신을 잊고 있다. 인간은 결코 날 수 없는 존
재다. 그런데 꿈속에서라도 완전히 다른 존재로 변해 있다
면 그 순간만큼은 전혀 다른 존재로 살아 있다고 볼 수 있다.
'완전히 자신을 잊은 채' 나비가 되었다면 그 느낌은 어떠할
까? 그리고 그 순간은 얼마나 자유로울까? 이를 가리켜 장자
는 '사물의 변화'라는 뜻의 '물화物化'라 했다.

장자가 말하는 것은 단지 꿈속의 이야기만은 아닐 수 있
다. 어쩌면 '나비가 되어 살랑살랑 날아다녔다'는 장자의 꿈
은 '장자'가 아니라 '나비'가 꾼 것일지도 모른다. 나비의 꿈
에 '장자가 되어 살랑살랑 날아다니는 나비를 보았을' 수도
있기 때문이다. 어떤 관점에서는 '네'가 내가 될 수 있고, '내'
가 네가 될 수 있다. 장자는 이 무한한 변화의 세계에서 이것
만이 '나'의 모습이고 저것만이 '너'의 모습이라고 주장할 수

있느냐고 반문하고 있다.

'물物'이란 사물 하나하나, 존재하는 모든 것을 가리킨다. 그리고 '장자'라는 하나의 물과 '나비'라는 또 다른 물 사이의 경계가 사라진 상태가 '물화'다. 도道의 관점에서 보면 너와 나의 구분이나 옳고 그름의 판단이 절대적이지 않듯 이 사물과 저 사물 역시 다를 것이 없다. 그래서 장자는 차이가 있다 해도 그것은 절대적 차이가 아니고, 그 절대적 차이로 판가름해 그것으로 인식의 한계를 가져서는 안 된다고 말한다. 이를 '물(대상)'과 '아(주체)'가 하나가 되었다는 의미에서 '물아일체物我一體'라고도 할 수 있다.

이런 맥락에서 장자는 '나'를 잃어버린 상태에서만 진정 도를 체득할 수 있다고 보았다. 나 자신을 잃는다는 얘기는 내가 알고 있는 나를 지운다는 의미다. 아집·편견·단견·오만 등 자기를 둘러싼 이러한 수많은 한계를 넘어서야 다른 대상을, 세상을 제대로 볼 수 있기 때문이다. 「제물론」에서 '제물齊物'의 의미는 바로 이것이다. '제齊'란 '하나가 된다'는 뜻인데, 이는 똑같은 형태가 된다는 것이 아니라 경계가 사라진다는 의미다.

실제로 인류는 인간과 사물의 경계, 실제와 가상의 경계, 인식과 인식의 경계, 개체와 개체의 경계가 허물어지는 시대에 다가서고 있다. 최근의 가상현실VR과 증강현실AR 기술은 이러한 '허물어진 경계'를 보여주는 실제 사례다. 가상현실과 증강현실은 비록 기술의 도움을 받아 임시로 꾸민 현실로 '진짜' 현실reality은 아니지만, 인간에게 그것은 진짜로 받아들여진다. 그리고 그것은 인간에게 실재적인real 기능을 한다. 가사·교육·예술 등 분야에서 이러한 4차 산업혁명이 실제로 일어나고 있다.

물론 미래에 대한 어두운 예측도 존재한다. 특히 인간의 정체성에 관련된 문제로 사람의 뇌를 이식하려는 시도가 의학계에서 이루어지고 있다. 뇌사 환자의 몸에 다른 사람의 뇌를 이식하거나 인공 신체에다 본인의 뇌를 이식하는 것이다. 하지만 이러한 경우에 이 사람의 인격을 무엇으로 규정해야 할지에 대한 윤리적이고 철학적인 논란이 일고 있다.

이 밖에도 줄기세포를 이용해 생명체를 탄생시키거나 유전자 조작을 통해 인간의 특성을 인위적으로 조작하려는 다양한 시도들 역시 인간의 자아 정체성에 관한 논란을 일으키고 있다.

1995년에 제작된 오시이 마모루 감독의 〈공각기동대〉라는 애니메이션에서는 이보다 더 심각한 인간의 문제를 다룬다. 일본 회사들이 네트워크를 활용해 세계의 지배권을 행사하는데, 네트워크에 존재하는 프로그램의 일종인 '인형사'라는 존재가 네트워크를 교란하고 인간의 뇌 속까지 침투해 인간들의 '고스트(영혼)'를 해킹한다. 그 인형사를 쫓던 기동대 중 한 사람이 뇌의 일부만 제외하곤 사이보그인 한 사람과 결합해 새로운 존재로 태어난다는 내용이다. 과학기술의 발달로 인간은 이제 이러한 인간 조건 또는 인간 규정에 관한 심각한 문제에 직면했다.

그렇지만 이를 올바르게 사용한다면 더 나은 인간의 미래를 만들어갈 수 있을 것이다. 장자가 오늘날 살아 있다면 증강현실로 태어난 나비를 보며 진짜 나비가 태어나 날아다닌다고 정말 기뻐할지도 모른다. 장자는 변화를 말하고, 그 변화는 자기의 경계나 한계를 벗어나는 것으로부터 시작된다. 장자가 바란 것은 자기의 한계를 넘어서고 인간의 경계를 넘어서 갇힘 없이 열린 마음으로 세상을 바라보는 것이었다. 무엇을 꿈꾸고 싶은가? 그리고 무엇을 꿈꾸기를 원하는가?

속도와 속력

'더 빨리, 더 높게, 더 멀리.'

근대 올림픽 정신은 과학기술의 발전으로 한도 끝도 없이 빨라진 인간 문명의 속력에 대한 동경을 대표하는 말이었다.

이러한 문명의 가속성과 확장성을 가능하게 한 것 중 하나가 기차다. 기차가 처음 발명된 영국에서 전국에 철도망이 깔리고 수많은 물자와 인구가 이동되면서 기차는 인류를 산업화의 시대를 이끈 성장 동력으로 작용했다.

그런데 한편으로 '산업화의 상징'이라는 멋진 이름 외에, 기차를 둘러싼 재미있는 사건도 있었다. 처음에 기찻길이 깔렸을 때 환호하는 사람도 있었지만 우려를 표하는 사람도 많았다. 당시 기차는 기껏해야 시속 30~40킬로미터의 속력을 낼 수 있었음에도 그 속력으로 달리다보면 기차에 타고 있던 사람이 미칠 거라는 얘기가 나돌았다. 물론 현재는 시속 300킬로미터가 넘는 고속열차를 타더라도 정신은 멀쩡히 살아 있다.

이와 관련한 장자의 이야기를 들어보자.

자공이 진晉나라로 돌아오던 길에 우물에서 직접 물을 퍼다 밭에 물을 주는 노인을 발견하고는 왜 기계(두레박)를 사용하지 않고 힘들게 일하느냐고 말하자, 그 노인은 다음과 같이 말했다.

"기계를 사용한다면 기계로 인한 일이 생겨나고 그런 일이 생겨나면 기계에 마음을 사로잡힐 수밖에 없소이다. 이런 마음이 생겨나면 나의 순박한 마음은 사라지고 그에 따라 나의 정신이나 본성 또한 안정되지 않겠지요. 정신과 본성이 안정되지 않는 사람에게는 도가 깃들 수 없는 법이라오. 내가 [두레박을] 몰라서 안 쓰는 것이 아니라 이처럼 [도 앞에] 부끄러워 쓰지 않을 뿐이오."

이 말을 들은 자공은 얼굴을 붉히고 말았다. (『장자』 「천지」, 간추림)

(曰, "鑿木爲機, 後重前輕, 挈水若抽, 數如洪湯, 其名爲槹." 爲圃者
忿然作色而笑曰, "吾聞之吾師, 有機械者必有機事, 有機事者必有機
心. 機心存於胸中, 則純白不備, 純白不備, 則神生不定. 神生不定者, 道
之所不載也. 吾非不知, 羞而不爲也.")

이는 기계의 도움 없이는 공장이 돌아가지 않고 가전제품으로 가득 차 있는 오늘날에 어울리지 않는 대답일 수도 있다. 현대인은 비행기·배·자동차·지하철·에스컬레이터·엘리베이터·컴퓨터·스마트폰·무선 통신·로봇에 이르는 수많은 문명의 이기를 사용하며 살고 있고, 이것은 어느덧 현대인의 일부처럼 작동하고 있다. 과학기술로 얻은 효율성과 편리함은 인간이 문명이 낳은 최고의 성과다.

그렇지만 기술이 진보하는 속도에 인간이 미처 따라가지 못하는 일들이 발생하고 있다. 모든 것이 빨라진 세상에서 사람들은 점점 지쳐가고 있고, 마음 역시 이 빠른 세상에 적응하느라 몹시 바쁘기만 하다. 심리 상담과 정신과 치료가 자연스럽고, 잠시 멈추자고, 좀 더 느리게 가보자며 스스로 다독여야 하는 시대가 되었다. 수많은 문명의 이기가 주는 새로움과 놀라움은 인간이 진보해왔다는 믿음을 주기에 충분했지만, 그에 못지않게 심각한 문제들도 만들어냈다.

밭을 매던 노인이 기계를 사용하는 일을 부끄럽게 여긴 것은 기계의 효율성과 편리함을 몰라서가 아니다. 인간이 기계를 사용하면서 기계에 의존하다보면 인간의 정신과 육체가 가진 본래의 힘을 잃을 수 있기 때문이다. 문명이 발달한 나라일수록 명상이나 요가가 더 유행하는 이유는 무엇일까? 이는 마음의 안정과 평화가 점차 사라지는 것을 방증한다. 기계가 인간의 마음을 잠시나마 기쁘게 해줄 순 있어도 충만함을 안겨주지는 않기 때문이다.

어쩌면 인류는 지금 너무 전전긍긍하고 있는 것인지도 모른다. 그동안의 과학적 성과와 문명의 진보가 있었으니 앞으로도 그래야 하고, 그렇게 가야만 한다는 관념이 인류를 지배하고 있는 것일 수도 있다. 진정 더 나은 발전을 위한 시도인지, 자국의 과학적 능력을 보여주기 위함인지, 아니면 정말 인류를 위한 일인지, 그렇다면 이것이 어떻게 인류에게 도움이 되는지를 물어야 한다.

속력에 방향을 더한 것이 속도다(속력+방향=속도). 산업화 시대의 기차는 무한정 앞을 향해 달려왔다. 그렇지만 이제는 그 속도를 다른 방향으로 돌려야 할 때다. 코로나19라는 바이러스가 전 지구를 휩쓸게 되자 나타난, 뜻하지 않게 이로운 현상이 바로 환경 개선이다. 돌고래가 돌아오고 하늘이 맑아지며 물은 깨끗해지고 거북이가 해변에 알을 낳고 있다. 이 상황을 깊게 들여다보아야 한다. 장자는 묻고 있다. 왜, 그리고 어디로 가는가?

죽음과 삶의 문턱에서

'태어나고 늙고 병들며 죽는다.'

인간은 누구나 이 과정을 겪고 여기에서 벗어날 수 없다. 오래전부터 인류는 생로병사의 과정을 좀 더 지연시키거나 아니면 완전히 극복할 수 있는 방법을 찾아왔다. 반면, 도가에서는 생로병사에 맞서는 시도를 순리에 따르지 않는 부적절한 행태로 바라보았다. 여기서 '순리'란 인간의 자연스러움에 맞추는 일이다. 도가에서는 태어나 늙고 병들며 죽는 것을 일련의 자연스러운 과정으로 받아들이기를 요청한다.

장자의 아내가 죽어 혜시가 조문을 갔을 때의 일이다. 장자는 두 다리를 뻗고 앉아 대야를 두드리며 노래를 부르고 있었다. 그 모습을 본 혜시가 말했다. "평생을 함께하며 자식을 키우다 늙은 아내가 죽었는데, 곡을 하지 않는 것도 비난받을 일인데, 어찌 대야를 두드리며 노래까지 부르는 겐가? 자네, 너무 심하지 않은가."

장자가 대답했다. "그럴 리 있겠는가? 나라고 해서 슬프지 않겠는가? 그런데 가만히 그 근원을 살펴보니 본래 삶이란 없었던 거야. 생명이 없었을 뿐 아니라 형체 역시 없었어. 형체만 없었을까. 본래 기마저 없었지. 까마득하고 어렴풋한 것들 속에 무언가 섞여 있다 변하여 기를 갖게 되었던 게지. 그 기가 변해 형체를 가졌고 그 형체가 변하여 생명을 갖게 된 거야. 그리고 또 변하여 죽음에 이른 거고. 이는 기가 어우러져 봄·여름·가을·겨울의 네 계절이 운행하는 것과 같다네. 아내는 천지라는 거대한 방에 편안히 누워 있는데 내가 꺼이꺼이 울며 곡을 한다면 이러한 이치를 모르는 행동이 아니겠는가. 그래서 울음을 그쳤다네."(『장자』「지락」)

(莊子妻死, 惠子弔之. 莊子則方箕踞鼓盆而歌. 惠子曰, "與人居長者, 老身死, 不哭亦足矣, 又鼓盆而歌, 不亦甚乎!" 莊子曰, "不然, 是其始死也, 我獨何能无槩然! 察其始而本无生, 非徒无生也而本无形, 非徒无形也而本无氣. 雜乎芒芴之間, 變而有氣, 氣變而有形, 形變而有生, 今又變而之死, 是相與爲春秋冬夏四時行也. 人且偃然寢於巨室, 而我噭噭然隨而哭之, 自以爲不通乎命, 故止也.")

죽은 아내의 장례식에서 대야를 두드리며 노래를 부른다? 현실에서 이러한 장면을 맞닥뜨린다면 "미친놈!" 소리가 절로 나올 것이다. 보통 사람의 시각에서는 이해할 수 없는 일이다. 혜시 역시 장자의 기이한 행동에 우려를 표했다. 하지만 장자는 생명이 기를 가져 형체를 이루었다 다시 흩어지는 것이므로 슬퍼할 일이 아니라고 답한다. 봄·여름·가을·겨울이라는 계절의 변화처럼 인간 역시 그러한 과정을 겪을 뿐이고, 태어나 늙고 병들며 죽는 것은 자연스러운 인간의 변화라는 말이다.

인간은 왜 이러한 과정을 편안하게 받아들이지 못할까? 늙고 병들며 죽는 것은 두려운 일이기 때문이다. '이팔청춘'이라는 말이 있듯, 젊은 날엔 젊은 날의 생기만으로 모든 것이 가능하고 무엇도 두렵지 않으며 언제든 새로 시작하고 언젠가는 많은 것을 가질 수 있을 것이라 여긴다. 하지만 나이가 들어 몸은 쇠약해지고 피부는 탄력을 잃어 보기 흉해지며 병은 예고도 없이 찾아오고 어느덧 죽음이 가까워졌을 때, 그 앞에서 환호성을 지를 사람은 없다.

만일 어떤 사람이 수십조의 재산을 가진 부호라면 분명 더 오래 살고 싶을 것이다. 더 오래 살아남아 자기가 가진 재산으로 마음껏 살아보려 할 것이다. 늙고 병들어 죽는 것이 얼마나 원망스러울까. 자신이 가진 재산을 다 털어서라도 이로부터 벗어나려고 할 것이다.

물론 반대의 현상도 있다. 20세기 세계 최고의 갑부였던 록펠러는 늙고 병들어 죽는 것 앞에서 삶이 얼마나 덧없는 것인지를 깨닫고 많은 재산을 사회에 환원했다. 오늘날 그의 이름으로 설립된 '록펠러 재단'을 통해 여전히 많은 사람이 혜택을 받고 있기도 하다.

장자가 죽으려는 그때, 본인의 성대한 장례를 치르려고 준비하던 제자들을 보고 말했다. "나는 하늘과 땅을 관으로 삼고, 해와 달을 한 쌍의 큰 옥으로 알며, 별로 입에 무는 구슬을 대신하고, 만물로 부장품을 갖출 것이다. 내 장례 준비는 이걸로 다 갖추어졌는데, 여기에 무엇을 더하려 하느냐?"

그러자 제자가 걱정스레 말했다. "저희는 까마귀나 솔개가 선생님을 뜯어 먹을까 두렵습니다."

이에 장자가 대답했다. "내 시신이야 땅 위에 두면 까마귀나 솔개의 밥이 될 것이고, 땅 밑에 두면 땅강아지나 개미의 먹이가 될 것이다. 너희는 위에 사는 생명들의 먹이를 가로채 아래에 사는 생명들에게 주려 하니 어찌 그리 편파적이냐?"(『장자』「열어구」)

(莊子將死, 弟子欲厚葬之. 莊子曰, "吾以天地爲棺槨, 以日月爲連璧, 星辰爲珠璣, 萬物爲齎送. 吾葬具豈不備邪? 何以加此!" 弟子曰, "吾恐

烏鳶之食夫子也." 莊子曰, "在上爲烏鳶食, 在下爲螻蟻食, 奪彼與此, 何
其偏也!")

    본인의 장례를 성대하게 치르려고 준비하는 제자들에게
장자는 그것이 무슨 필요냐며 되묻고 있다. 제자들은 아마
부담을 느끼고 있었을지 모른다. 장자와 같은 훌륭한 스승의
장례식이니 소홀히 할 수가 없다. 게다가 장자가 죽은 후에
까마귀나 솔개가 장자를 뜯어먹는 것을 차마 두고 볼 수는
없는 일이다.

    그런데 장자는 다른 생명들의 먹이를 가로채느냐며 제자
들을 혼내고 있다. '사람'을 기준으로 보면 사람의 육신이 중
요하나, 자연을 기준으로 보면 사람 역시 자연의 일부이고,
다른 동물의 먹이가 된다 해도 이상할 게 하나 없다. '호랑이
는 죽어서 가죽을 남기고, 사람은 죽어서 이름을 남긴다'고 하
지만, 장자는 그 이름마저 남기고 싶지 않았다. 삶과 죽음은
자연의 일부니 장자는 그조차도 부자연스러운 일로 여겼다.

    죽음을 어떻게 받아들이느냐에 따라 삶의 태도 또한 달라
질 수 있다. 묵언수행을 하는 트리피스 수도원에서는 수도사
들에게 단 한마디 말만 허용한다고 한다. '메멘토 모리memento
mori', 라틴어로 '죽음을 기억하라'라는 뜻이다. 어찌 보면 매
우 비극적이기까지 한 이 한마디를 허용하는 이유는 무엇일

까? 바로 죽음을 통해 삶의 의미를 헤아려보라는 의도일 것이다.

어떻게 살 것인가, 어떻게 죽을 것인가? 질문에 따라, 그 질문에 대한 해답에 따라 인생의 방향도 바뀔 수 있다.

> 삶에는 반드시 끝이 있기 마련이다. '끝'이 있다는 건 반드시 끝나는 지점이 있다는 의미고, 마찬가지로 태어났으니 삶을 살아가야 하는 것이다. 그럼에도 영원히 살려 하고 죽음을 없애려 하는 것은 운명을 거스르는 일이다. (『열자』「천서」)
>
> (生者, 理之必終者也. 終者不得不終, 亦如生者之不得不生. 而欲恆其生, 畵其終, 惑於數也.)

푸른 지구를 지켜라

전 세계적으로 환경 문제는 매우 심각하다. 기후 변화로 북극의 얼음이 녹아서 북극곰의 서식지가 파괴되고 있고, 이 영향으로 '북극 항로'가 개척되어 북극에 인접한 수많은 국가가 이 항로를 개척하기 위해 열을 올리고 있기도 하다. 북반구에서는 최강의 한파로 모든 것이 마비되고 사람들이 얼어 죽고 사막에서는 눈이 내려서 모래 위를 하얗게 물들이

기도 했다.

한반도 역시 다르지 않다. 20세기까지만 해도 황사는 봄에 잠시 겪는 문제였으나 이제는 겨울에도 황사는 일상이 되었고 미세먼지 문제까지 겹치면서 건강은 물론이고 일상생활에도 큰 지장을 받고 있다. 화학전에서나 낄 만한 방독면처럼 생긴 마스크를 끼고 다녀야 할 만큼 최악의 상황을 겪고 있다. 과거 SF 만화에서나 볼 수 있었던 풍광이 현실에서 펼쳐지고 있다. 그럼에도 인간은 멈추지 않는다.

무엇보다 자연을 대하는 인간중심주의적인 사고를 버려야 한다. 인간중심주의적인 사고란 인간이 모든 존재의 중심이고 가장 우월하며 인간 이외의 존재를 수단으로 다룰 수 있다는 시각이다. 인간이 자연을 이용하는 것을 당연시하고, 자연을 파괴하면서도 죄책감을 느끼지 않으며, 자연의 존재 가치를 인간보다 아래에 두어 윤리적 문제로 고려하지 않는 태도다. 오늘날 인간이 이룬 현대 문명은 이러한 관점에 바탕을 두고 있다.

사람은 습한 데서 자면 허리 병이 생기고 반신불수가 되지만 미꾸라지도 그러할까? 사람이 나무 위에 산다면 벌벌 떨며 무서워하지만 원숭이도 그러할까? 이 셋 중에 어느 쪽이 올바른 거처를 안다고 할 수 있을까? 사람은 고기를 먹고, 사슴은

풀을 뜯으며, 지네는 작은 뱀을 맛나다 하고, 올빼미는 쥐를 즐겨 먹는다네. 이 넷 중에서 어느 쪽이 올바른 맛을 안다 할 수 있을까? (『장자』「제물론」)

(民濕寢則腰疾偏死, 鰌然乎哉? 木處則惴慄恂懼, 猨猴然乎哉? 三者孰知正處? 民食芻豢, 麋鹿食薦, 蝍蛆甘帶, 鴟鴉嗜鼠. 四者孰知正味?)

이 이야기는 사물에 대해 아무것도 알 수 없느냐는 설예의 질문에 대한 왕예의 대답이었다. 왕예는 안다 해도 그것이 알지 못하는 것일 수도 있고, 모른다 해도 실은 알 수 있는 것일 수도 있다며 위와 같은 대답을 했다. 내가 안다고 하는 것이 상대의 입장에 섰을 땐 모르는 것이 될 수 있으므로 상대의 입장에서 헤아려보아야 한다는 의미다. 자연의 입장에 서서 인간을 바라본다면 아마 인간은 가장 최악의 존재일 것이다.

1970년대 인도에서는 무차별적으로 나무를 채벌하는 목재 회사에 맞서 몇몇의 여자들이 '나무 껴안기 운동'이라는 의미의 '칩코 안돌란Chipko Andolan'을 벌였다. '칩코'란 힌두어로 '껴안기'라는 뜻이고, '안돌란'은 '운동'이라는 뜻이다. 나무를 자르지 못하도록 한 사람, 한 사람이 나무를 껴안은 것이다. 이들에게 나무와 숲은 땔감으로 사용하는 상업적 재료가 아니라, 인간과 함께 살아가고 숨 쉬는 하나의 생명이었다.

'창백한 푸른 점'은 보이저호가 61억 킬로미터 떨어진 거리에서 촬영한 지구의 사진을 부르는 명칭이다. 동그라미 속 희미한 점이 지구다.

당시에 그들은 이런 노래를 불렀다고 한다.

나무꾼들이여, 내 말에 귀 기울여보세요

저 푸르고 아름다운 나무와 숲의 이야기를 들어보세요

도끼로 가지가 잘린 흉측한 모습은 싫어요

나무들을 살려주세요

나무꾼들이여, 숲은 물이요, 식량이요, 생명이에요

이 운동은 세계적으로 큰 반향을 일으켰는데, 거대한 목재 회사에 맞선 여자들의 용기가 매우 대단했다는 점, 숲을 바라보는 이들의 시각에서 배울 것이 많았다는 점, 그리고 여성을 중심으로 일어난 운동이었다는 점이다. 이렇게 자연에서 인생의 의미를 찾으려 하고, 자연이 갖는 힘을 존중하며, 연약함 속에서도 강함을 발견하고, 각자의 삶을 존중하려는 태도는 도가의 생각과 닮아 있다.

이미 파괴된 자연을 되돌리는 방법에는 과학기술에 기대는 것도 있지만, 무엇보다도 그대로 두는 것이 좋다. 자연은 스스로 회복할 수 있는 자정 능력이 있기 때문이다. 도가에서 환경 문제를 해결한다면 자연 스스로 회복할 수 있는 방식을 선택할 것이다. 물론 오랜 시간이 필요한 일이지만 자연에 맡기는 것이 가장 자연스러운 일이자 최선의 방식이다. 도가에서는 이러한 자연 존중 태도를 발견할 수 있다.

칼 세이건은 『창백한 푸른 점』에서 다음과 같이 말했다.

그 작은 점을 대하면 누구라도 인간이 이 우주에서 특권적인 지위를 누리는 유일한 존재라는 환상이 헛됨을 깨닫게 된다. 지구는 지구를 둘러싸고 있는 거대한 우주에서는 아주 작은 점에 불과하다. 우리가 살고 있는 작은 세계를 멀리서 찍은 이미지를 보는 것보다 인간의 자만을 확인하는 데 효과적인 것은 없을 것이다. 나는 이 작은 점을 보면서 '창백한 작은 점' 을 더욱 소중히 보존하고 가꾸기 위해서는 다른 사람들과 보 다 긴밀하게 협력해야겠다는 각오를 다진다.

그 작은 점. 인류가 지구 밖을 나가 지구를 바라보며 느낀 것은 크게 두 가지였다. 하나는 정말 푸르다는 사실 그리고 다른 하나는 정말 작다는 사실이다. 우주선에 탄 우주인은 푸르게 빛나는 지구를 보며 감탄사를 연발했다. 아름다운 지 구! 그리고 그 안에 살아가는 인간의 존재 가치를 확인할 수 있었다. 보이저호가 아주 먼 곳에서 촬영한 지구는 보일락 말락 한 아주 작은 점에 불과했다. 그렇다면 그 안에 살아가 는 인류는 어떠한가? 더 작은 존재에 불과하다.

지구에서 인간만이 특권을 누릴 자격은 없다. 그 자격은 지구에 사는 모든 것에게 주어진 것이고, 세이건의 말처럼 인간은 스스로 자만을 확인해야 하고 자연을 경외하며 그 앞에서 주인이 아닌 손님의 입장을 취해야 한다. 모든 생명 체는 각각 다르다는 점에서 또한 본래 그대로의 모습을 존 중해야 한다. 그리고 무엇보다 이 지구를 소중히 보존하고 가꾸기 위해 협력하고 노력하며 각오를 다져야 할 것이다. 이것이 곧 자연을 대하는 도가의 자세다.

삶이 그대를 속일지라도

슬퍼하거나 노하지 말라

슬픈 날엔 참고 견디라

즐거운 날이 오고야 말리니……

푸시킨의 시다. 어릴 땐 이 시에 담긴 의미가 무엇인지 몰랐다. 뭔가 '느낌 있어' 좋았다. 뭔가 느낌 있다는 건 달리 말해 아무 느낌이 없다는 의미일 수도 있다. 말 그대로 '느낌적 느낌'에 불과하기 때문이다. 정확히 무얼 느꼈는지도 모르고 어떤 의미인지도 파악하지 못했다는 뜻이다. 제대로 느꼈다면 또 모를까. 물론 시에서 반드시 의미를 찾아야 하는 것은 아니지만.

살면서 알게 된 하나는, '삶이 그대를 속일지라도 슬퍼하거나 노하지 않을' 사람은 별로 없다는 사실이다. 내가 속았다는 사실에 먼저 화가 치밀어 오르기 때문이다. 이 분노를 어떻게 삭여야 할까? 그런데 무엇으로도 항의할 수 없는, 대항할 수 없는 그런 무기력함에 치가 떨리고 그것 때문에 더 슬플 때가 있다. 슬픈 일 그 자체가 문제가 아니라 그 일을 내 힘으로 어찌할 수 없다는 사실에 더욱 슬프다. 그래서 삶이 그대를 속인다면 슬퍼하거나 노하기 마련이다.

그러나 슬퍼하거나 노할 수만은 없는 것이 또한 삶이다. 삶이 계속된다면 슬픔과 노여움만으로 살아갈 수는 없기 때문이다. 살다보면, 그리고 시간이 흐르다보면 노여움도 슬픔도 빛이 바래는 날이 온다. 물론 예외는 있어, 가슴에 한이 맺히도록 사라지지 않더라도 그저 묻어둔 채로, 모르는 척 살아가야 하는 순간도 있다. 그럴 땐 한 발짝 물러나 무심하게 바라보며 기다릴 줄 알아야 한다. 인생이 내 뜻대로, 내 의지대로만 될 수 없기 때문이다.

장자가 아내의 장례식에서 노래를 부른 것도 이런 이유일 거라 생각한다. 아내는 갔고 장자는 남았으나 차마 자신마저 아내를 따라갈 수는 없었을 것이다. 장자 스스로 자신의 신념에 위배되는 행위를 할 순 없었을 테니. 사는 그대로, 있는 그대로, 본래 그대로, 자기 스스로. 노자의 말처럼 노여움이 즐거움으로 슬픔이 기쁨이 되는 날도 있으니, 삶도 죽음도 그대로 두고 보아야 하겠지. 이것이 도가에서 배울 수 있는 가장 아름다운 자세가 아닐까.

참고문헌

가노 나오키, 오이환 옮김,『중국철학사 2: 춘추전국시대의 사상』, 지식을만드는지식, 2017.

그레이엄, 앵거스 찰스, 김경희 옮김,『장자: 사유의 보폭을 넓히는 새로운 장자 읽기』, 이학사, 2015.

김교빈·이현구,『동양철학 에세이 1: 혼란 속에서 피어난 철학의 향연』, 동녘, 2014.

_____,『동양철학 에세이 2: 삶의 지혜에서 혁명의 철학으로』, 동녘, 2014.

김성환,『회남자: 고대 집단지성의 향연』, 살림, 2007.

김용옥,『노자와 21세기 1』, 통나무, 1999.

_____,『노자와 21세기 2』, 통나무, 1999.

_____,『노자와 21세기 3』, 통나무, 2000.

노자, 오강남 엮음,『도덕경』, 현암사, 1995.

라이, 카린, 심의용 옮김,『케임브리지 중국철학 입문: 지성사로 본 중국 사유의 계통과 맥락』, 유유, 2018.

리쩌허우, 정병석 옮김,『중국고대사상론』, 한길사, 2005.

세이건, 칼, 현정준 옮김,『창백한 푸른 점』, 사이언스북스, 2020.

신영복,『강의: 나의 동양고전 독법』, 돌베개, 2004.

신정근,『노자의 인생 강의: 각자도생의 시대에서 찾은 환대와 공존의 길』, 휴머니스트, 2017.

양승권,『장자: 너는 자연 그대로 아름답다』, 한길사, 2013.

양자오,『노자를 읽다: 전쟁의 시대에서 끌어낸 생존의 지혜』, 유유, 2015.

_____,『장자를 읽다: 쓸모없음의 쓸모를 생각하는 법』, 유유, 2015.

열어구, 정유선 옮김,『열자: 조화로운 삶이란 무엇인가』, 동아일보사, 2016.

유안, 이준영 옮김,『회남자 상·하: 제자백가의 집성과 통일』, 자유문고, 2015.

장자, 안동림 엮음,『장자』, 현암사, 2010.

전호근,『장자 강의: 혼돈의 시대에 장자를 읽다』, 동녘, 2015.

정세근,『노자 도덕경: 길을 얻은 삶』, 문예출판사, 2017.

_____,『노장철학과 현대사상』, 예문서원, 2018.

_____,『도가철학과 위진현학』, 예문서원, 2018.

최진석,『노자의 목소리로 듣는 도덕경』, 소나무, 2001.

_____,『생각하는 힘, 노자 인문학: EBS [인문학 특강] 최진석 교수의 노자 강의』, 위즈덤하우스, 2015.

푸페이룽, 심의용 옮김,『장자 교양 강의』, 돌베개, 2011.

_____, 한정선 옮김,『노자를 읽고 장자에게 배운다』, 지와사랑, 2012.

풍우란(평유란), 박성규 옮김,『중국철학사 상·하』, 까치, 1999.

하라리, 유발, 조현욱 옮김,『사피엔스: 유인원에서 사이보그까지 인간 역사의 대담하고 위대한 질문』, 김영사, 2015.

헤세, 헤르만, 전영애 옮김,『데미안』, 민음사, 2009.

프랑스엔 〈크세주〉, 일본엔 〈이와나미 문고〉,
한국에는 〈살림지식총서〉가 있습니다.

📖 전자책 | 🔍 큰글자 | 🔊 오디오북

도가

비워서 채우는 삶의 미학

펴낸날	초판 1쇄 2020년 9월 7일

지은이	김대근
펴낸이	심만수
펴낸곳	(주)살림출판사
출판등록	1989년 11월 1일 제9-210호

주소	경기도 파주시 광인사길 30
전화	031-955-1350 팩스 031-624-1356
홈페이지	http://www.sallimbooks.com
이메일	book@sallimbooks.com

ISBN	978-89-522-4212-9 04080
	978-89-522-0096-9 04080 (세트)

※ 값은 뒤표지에 있습니다.
※ 잘못 만들어진 책은 구입하신 서점에서 바꾸어 드립니다.

이 도서의 국립중앙도서관 출판시도서목록(CIP)은 서지정보유통지원시스템 홈페이지
(http://seoji.nl.go.kr)와 국가자료공동목록시스템(http://www.nl.go.kr/kolisnet)에서
이용하실 수 있습니다.(CIP제어번호: CIP2020035017)

책임편집·교정교열 김세중 최정원

026 미셸 푸코 `eBook`

양운덕(고려대 철학연구소 연구교수)

더 이상 우리에게 낯설지 않지만, 그렇다고 손쉽게 다가가기엔 부담스러운 푸코라는 철학자를 '권력'이라는 열쇠를 가지고 우리에게 열어 보여 주는 책. 권력은 어떻게 작용하는가에서 논의를 시작하여 관계망 속에서의 권력과 창조적·생산적·긍정적인 힘으로서의 권력을 이야기해 준다.

027 포스트모더니즘에 대한 성찰 `eBook`

신승환(가톨릭대 철학과 교수)

포스트모더니즘의 역사와 논의를 차분히 성찰하고, 더 나아가 서구의 근대를 수용하고 변용시킨 우리의 탈근대가 어떠한 맥락에서 이해되는지를 밝힌 책. 저자는 오늘날 포스트모더니즘으로 대변되는 탈근대적 문화와 철학운동은 보편주의와 중심주의, 전체주의와 이성 중심주의에 대한 거부이며, 지금은 이 유행성의 뿌리를 성찰해 볼 때라고 주장한다.

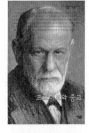

202 프로이트와 종교 `eBook`

권수영(연세대 기독상담센터 소장)

프로이트는 20세기를 대표할 만한 사상가이지만, 여전히 적지 않은 논란과 의심의 눈초리를 받고 있다. 게다가 신에 대한 믿음을 빼앗아버렸다며 종교인들은 프로이트를 용서하지 않을 기세이다. 기독교 신학자인 저자는 이 책을 통해 종교인들에게 프로이트가 여전히 유효하며, 그를 통하여 신앙이 더 건강해질 수 있다는 점을 보여 주려 한다.

427 시대의 지성 노암 촘스키 `eBook`

임기대(배재대 연구교수)

저자는 노암 촘스키를 평가함에 있어 언어학자와 진보 지식인 중 어느 한 쪽의 면모만을 따로 떼어 이야기하는 것은 불합리하다고 말한다. 이 책에서는 촘스키의 가장 핵심적인 언어이론과 그의 정치비평 중 주목할 만한 대목들이 함께 논의된다. 저자는 촘스키 이론과 사상의 본질에 다가가기 위한 이러한 시도가 나아가 서구 사상을 받아들이는 우리의 자세와도 연결된다고 믿고 있다.

024 이 땅에서 우리말로 철학하기

이기상(한국외대 철학과 교수)

우리말을 가지고 우리의 사유를 펼치고 있는 이기상 교수의 새로운 사유 제안서. 일상과 학문, 실천과 이론이 분리되어 있는 '궁핍의 시대'에 사는 우리에게 생활세계를 서양학문의 식민지화로부터 해방시키고, 서양이론의 중독으로부터 벗어나야 한다고 역설한다. 저자는 인간 중심에서 생명 중심으로의 변화와 관계론적인 세계관을 담고 있는 '사이 존재'를 제안한다.

025 중세는 정말 암흑기였나   eBook

이경재(백석대 기독교철학과 교수)

중세에 대한 친절한 입문서. 신과 인간에 대한 중세인의 의식을 다루고 있는 이 책은 어떻게 중세가 암흑시대라는 일반적인 인식을 가지게 되었는지에 대한 물음을 추적한다. 중세는 비합리적인 세계인가, 중세인의 신앙과 이성은 어떠한 관계를 갖고 있는가 등에 대한 논의를 하고 있다.

065 중국적 사유의 원형   eBook

박정근(한국외대 철학과 교수)

중국 사상의 두 뿌리인 『주역』과 『중용』을 철학적 관점에서 접근한다. '산다는 것은 무엇인가?'라는 근원적 질문으로부터 자생한 큰 흐름이 유가와 도가인데, 이 두 사유의 흐름을 거슬러 올라가다 보면 그 둘이 하나로 합쳐지는 원류를 만나게 된다. 저자는 『주역』과 『중용』에 담겨 있는 지혜야말로 중국인의 사유세계를 지배하는 원류라고 말한다.

076 피에르 부르디외와 한국사회   eBook

홍성민(동아대 정치외교학과 교수)

부르디외의 삶과 저작들을 통해 그의 사상을 쉽게 소개해 주고 이를 통해 한국사회의 변화를 호소하는 책. 저자는 부르디외가 인간의 행동이 엄격한 합리성과 계산을 근거로 행해지기보다는 일정한 기억과 습관, 그리고 사회적 전통에 영향을 받는다는 사실로부터 시작한다는 점을 강조한다.

096 철학으로 보는 문화 eBook

신응철(숭실대 인문과학연구소 연구교수)

문화와 문화철학 연구에 관심 있는 사람을 위한 길라잡이로 구상
된 책. 비교적 최근에 분과학문으로 등장하기 시작한 문화철학의
논의에 반드시 들어가야 할 요소를 선택하여 제시하고, 그 핵심 내
용을 제공한다. 칸트, 카시러, 반 퍼슨, 에드워드 홀, 에드워드 사이
드, 새무얼 헌팅턴, 수전 손택 등의 철학자들의 문화론이 소개된
다.

097 장 폴 사르트르 eBook

변광배(프랑스인문학연구모임 '시지프' 대표)

'타자'는 현대 사상에 있어 가장 중요한 개념 중 하나이다. 근대가
'자아'에 주목했다면 현대, 즉 탈근대는 '자아'의 소멸 혹은 자아의
허구성을 발견함으로써 오히려 '타자'에 관심을 갖게 되었다. 그리
고 타자이론의 중심에는 사르트르가 있다. 사르트르의 시선과 타
자론을 중점적으로 소개한 책.

135 주역과 운명 eBook

심의용(숭실대 강사)

주역에 대한 해설을 통해 사람들의 우환과 근심, 삶과 운명에 대한
우리의 자세를 말해 주는 책. 저자는 난해한 철학적 분석이나 독해
의 문제로 우리를 데리고 가는 것이 아니라 공자, 백이, 안연, 자로,
한신 등 중국의 여러 사상가들의 사례를 통해 우리네 삶을 반추하
는 방식을 취한다.

450 희망이 된 인문학 eBook

김호연(한양대 기초 · 융합교육원 교수)

삶 속에서 배우는 앎이야말로 인간의 운명을 바꿀 수 있는 기회
를 준다. 그래서 삶이 곧 앎이고, 앎이 곧 삶이 되는 공부를 하는 것
이 무엇보다 중요하다. 저자는 인문학이야말로 앎과 삶이 결합된
공부를 도울 수 있고, 모든 이들이 이 공부를 할 수 있어야 한다고
믿는다. 특히 '관계와 소통'에 초점을 맞춘 인문학의 실용적 가치,
'인문학교'를 통한 실제 실천사례가 눈길을 끈다.

eBook 표시가 되어있는 도서는 전자책으로 구매가 가능합니다.

㈜살림출판사
www.sallimbooks.com
주소 경기도 파주시 문발동 522-1 | 전화 031-955-1350 | 팩스 031-955-1355